세상의 반대편으로 가다

마야 편

일러두기

* 이 책에 나오는 에스파냐어 고유명사는 대부분 국립국어원 어문 규정과 용례를 따랐으나,
  일부는 원지음과 관용을 따랐다.

* 에스파냐어 혹은 고대 언어로 된 고유명사를 강, 산, 족, 해 등의 우리말과 함께 쓰는 경우,
  우리 독자들에게는 낯선 이름임을 감안하여 띄어쓰기하였다. 그 예로, 민족을 뜻하는 접미사
  '족'은 앞말에 붙여 쓰는 것이 원칙이나 고유명사와 구분되지 않고 읽히는 것을 피하기 위해
  '사포텍 족'과 같이 띄어 썼다.

세상의 반대편으로 가다

마야 편

일흔 넘어 홀로 떠난 중남미 여행

임세권 사진과 글

차례

여행자의 글을 시작하며

생각해보니 혼자서 여행이라고 할 만한 것을 해본 기억이 없다. 삼십여 년 전 중국에 방문교수로 가서 혼자 많은 시간을 돌아다닌 적은 있으나, 중국 암각화 연구를 위한 조사 차 다녔던 것이니 과제 수행의 하나이지 지금 말하고자 하는 여행과는 거리가 있다. 그러고 보니 나도 청년 시절부터 가보고 싶었던 곳이 있었다. 인생의 버킷 리스트라는 말이 유행하지만, 그런 말조차 모르고 살던 이십 대 중반, 거석문화 관련 석사 학위 논문을 준비하면서 보았던 이스터섬의 모아이 석상은 언제나 내 머릿속에서 희미하게 떠올랐다가 사라지곤 했다. 그곳에 실제로 갈 수 있다는 생각은 해본 적이 없었다. 이스터섬은 그냥 상상 속에서만 존재하는 곳이었다.

퇴직을 하면서 보고서를 내지 않아도 되는 발길 닿는 여행을 가보자고 생각했다. 혼자 길을 떠날 수 있다면 어디를 목적지로 삼을 수 있을까? 그러다가 머릿속에 희미하게 자리 잡고 있던 모아이 석상이 또렷하게 떠올랐다. 그러나 새로 시작한 갤러리 일에 시간을 뺏기면서 차일피일 하다가 일흔을 넘기게 되었다. 시큰거리는 오른쪽 무릎이 걱정이었지만, 더 늦으면 못 갈지도 모른다는 생각이 들었다. 그제서야 부랴부랴 모아이 석상을 만나려면 어떻게 길을 잡아야 할지 구체적으로 계획을 세우게 되었다.

이스터섬은 생각보다 멀었다. 멀고 먼 칠레의 수도 산티아고에서도 태평양을 3500킬로미터나 건너가야 하는 외딴 섬으로 가는 길은 모아이 석상만을 만나고 오기에는 너무 먼 길이었다. 그래서 좀 긴 여행을 계획했다. 계획을 세우면서 〈80일간의 세계 일주〉라는 영화가 떠올랐고, 나도 80일 정도는 여행해 보기로 했다. 마침 멕시코로 직항로가 개설되어 있으니, 여행은 멕시코에서 시작하자. 2018년 4월 70회 생일을 지나면서 구상한 이 거대한 계획은 남미 여행에 관한 책을 이것 저것 사보다가 그해 8월 30일, 멕시코시티 행 왕복 항공권을 사면서부터 본격화되었다. 호텔을 예약하고 버스 노선을 알아보고 또 트레킹 코스 등을 예약하는 일들은 나에게는 대규모 작전 계획이나 다름 없었다.

멕시코 여행 22일은 마야 문명 답사가 중심을 이루고, 남미의 페루와 볼리비아를 거쳐 칠레 북부까지는 잉카 문명 답사가 될 것이었다. 남미의 세 나라를 지나는 길은 잉카제국의 옛 땅을 관통하기 때문이다. 잉카 옛 땅을 빠져 나오면 바로 칠레 산티아고에서 이스터섬으로 날아갈 수 있다. 그러나 그 먼 곳까지 가서 역사 유적 답사만 하고 끝내자니 아쉬운 생각이 들었다. 그래서 이스터섬에 가기 전 일정으로 추가한 것이 칠레 남쪽 끝 파타고니아 지방 여행이었다. 여행 안내서에서 본 토레스델파이네의 산 봉우리는 마야와 잉카의 유적 답사 끝에 지친 몸과 마음을 편안하게 풀어줄 것 같았다.

그러나 혼자 떠난 여행길은 언제나 계획대로 되지 않는다. 나는 토레스델파이네를 볼 수 없었다. 오히려 여행을 그 산 밑에서 멈추어야 했다. 토레스델파이네 입구의 도시 푸에르토나탈레스까지 가긴 했으나, 내 기억은 그보다 훨씬 앞에서 끊어졌다. 그리고 다시 정신을 차린 것은 여행 65일째, 인근 도시 푼타아레나스의 병원에서였고, 기억이 끊어진지 엿새 만이었다. 그동안 나는 여기저기 길을 헤메다 병원 침대에서 깨어난 것이다.

모아이 석상은 그렇게 다시 머릿속에서 희미한 이미지로만 남게 되었다. 일흔이 넘어 용감하게 시도한 작전은 실패하고 말았다. 그리고 5년이 금방 지나갔다. 실패한 작전을 어떻게 완수할 수 있을지, 그 5년 동안 생각해보지 않은 건 아니었지만, 수술 후의 병치레는 생각보다 길어졌고, 코로나19라는 복병도 등장했다. 그래서 완수하지 못한 작전이나마 일단 정리해서 여행 기간 중 나를 걱정해준 많은 분들께 보고하고자, 미완성인 채로 여행기를 쓸 수밖에 없었다. 책의 부피가 지나치게 커졌다는 점이 독자분들께는 죄송하다. 그러나 목숨 걸고 다녀온 결과물이라고 생각하면서, 하나라도 버리기 아깝다는 생각에 이렇게 큰 책이 된 것을 양해해주실 것으로 생각한다.

또 내 인생의 기념호를 남에게 맡기기 아까워 이참에 출판사도 하나 차렸다. 이후 내가 내려고 했던 책들을 하나하나 내 손으로 내려고 한다. 나의 이런 힘든 출판과 관련해서 수진, 수선 두 딸이 애를 많이 썼다. 출판사 설립에 조언을 해주고, 책을 만들기까지의 여러 과정, 글을 다듬고 책의 만듦새를 잡아나가는 데 큰 힘을 보탰다. 더군다나 수진이는 사위 허승찬 군과 함께 그

먼 칠레의 남쪽 끝 푼타아레나스까지 와서 나의 병간호를 하느라 큰 고생을 했다. 사위는 내가 쓰러진 후 연락이 끊어지자 바로 실종신고부터 했고, 그 후 여러 어려운 과정을 거쳐 수진이와 함께 칠레까지 와 섬망증세에 시달리던 나를 돌보느라 무진 애를 썼다. 특별히 고마움을 표한다.

내가 푼타아레나스에서 쓰러졌을 때부터 나를 위해 최선을 다해준 산티아고 한국 영사관의 정영식 총영사와 박준이 실무관, 푼타아레나스에서 음식점을 경영했던 서인보 씨도 나를 위해 음양으로 도움을 많이 주었다. 그 외에도 병원에 연락을 취하기 위해 한국에서 여러 도움을 준 분들이 있다고 들었다.

또 나에게 달려오지는 못했지만 내 생사를 알 수 없는 상태에서 수진이 부부를 대신해 외손녀들을 돌보어 내가 돌아올 때까지 노심초사한 아내 정애영에게 고마움을 표하지 않을 수 없다.

마지막으로 내가 안동에 이주한 후 수십 년 동안 가까이 지냈던 친구와 지인 여러분께도 고마움을 표한다. 칠레 대사관까지 전화해주신 분도 있고, 나의 건강 걱정을 해주신 많은 분들이 있다는 사실을 아주 늦게야 알게 되었다. 이 자리를 빌어 미안함과 고마움을 함께 전한다.

2024년 3월 임세권

1

이름 없는 도시

멕시코시티

한 시간 뒤로 돌아간 타임머신

멕시코는 멀고도 가깝다. 비행기로 열네 시간을 날아왔으니 멀다. 열두 시에 출발했는데 도착해보니 같은 날 열한 시다. 내가 떠난 서울의 시간보다 한 시간이나 뒤로 갔으니 가까워도 너무 가깝다. 또한 이른 봄에 떠났는데 내린 곳은 한여름이다. 계절로 보면 멀고도 먼 곳이다.

멕시코의 서울 멕시코시티. '멕시코 도시'라니, 어색하기 짝이 없다. 멕시코에서 부르는 정확한 이름은 시우다드데메히꼬(Ciudad de México)다. 줄여서 CDMX라고 쓴다. 번역하면 이 역시 그냥 '멕시코의 도시'다. 이건 도시의 이름이 없는 것이나 다름없다. 따지고 보면 멕시코의 도시가 다 멕시코시티 아닌가?

침략자 에르난 코르테스가 아스텍의 수도 테노치티틀란(Tenóchtitlan)을 정복한 것은 1521년이다. 1821년 독립전쟁 승리와 독립선언을 멕시코 독립으로 본다고 해도 꼭 300년 간의 스페인 통치가 지속된 셈이다. 이 기간 동안 스페인의 통치자들은 이전의 마야와 아스텍의 흔적들을 철저하게 없애고 스페인 문화를 심어놓았다.

지금 멕시코시티에서 볼 수 있는 역사적 건물이나 유적들은 거의 스페인 식민통치자들에 의해 남겨진 것들이다. 이제 멕시코시티에서 마야나 아스텍

소칼로 광장에는 관광객을 위해 마야의 전통으로 치장한 사람들이 있다.

의 문화를 다시 찾아볼 수 있는 곳은 이들이 자랑하는 국립 인류학 박물관 밖에는 없다. 그래도 최근 땅속에서 다시 햇볕을 찾은 약간의 유적들이 있어 멕시코인들의 과거를 눈으로 볼 수 있는 것만 해도 다행스럽다.

친숙하지만 특별한 도시의 풍경

멕시코시티 어디에서나 여행자들은 유럽의 어느 도시에서나 볼 수 있는 것들을 볼 뿐이다. 거리의 가게에서 유서 깊은 성당까지 유럽에서 볼 수 없는 것은 없다. 공원에 앉아 담소를 나누는 사람들이나 꽃 파는 아주머니도 스페인의 여느 도시와 다를 게 없다.

멕시코시티에서 마야의 오랜 전통을 찾으려 하면 실망밖에 남는 게 없다. 그러나 이곳에서 조금 눈길을 돌리면 근대 이후 만들어진 멕시코 만의 독특한 문화들을 볼 수 있다. 근대 멕시코의 역사는 스페인 침략자들에 저항한 투쟁사이며 미국의 영토적 야망과 대결한 민족주의적 색채가 짙다.

이러한 민족적 자존감은 마야 문화를 정신적으로 이어가면서 다양한 방면으로 구현하였고 특히 미술 분야에서 두드러진다. 시각적으로 이러한 문화의 일면을 보여주는 게 거리 어디에서나 볼 수 있는 그래피티(Graffiti) 벽화들

멕시코 혁명기념탑

혁명기념탑 건너편의 빌딩 벽에 기념탑이 쪼개진 모양으로 박혀 있다.

큰 길이건 작은 골목이건 벽화가 그려지지 않은 곳은 없다.

이별의 포옹을 나누는 두 연인을 동네 아주머니가 무표정하게 바라보고 있다.

대로변 한쪽에서 춤을 즐기는 젊은이들을 흔히 볼 수 있다.

아침부터 버스킹 준비를 하는 첼리스트를 주민 한 사람이 물끄러미 바라본다.

이다. 소칼로 광장 한쪽에 있는 예술궁전에서 보는 대형 벽화들은 미술을 몰라도 앞에 서 있는 것만으로도 감동이 밀려온다.

450년 만에 드러난 지하의 피라미드

하늘을 찌를 듯하던 200계단의 피라미드 신전이 땅 속으로 묻힐 줄은 아무도 몰랐을 것이다. 힘센 침략자들의 폭력 앞에 힘없는 토착 제국의 신전은 어처구니없이 땅 속으로 들어가고 말았다. 그리고 그 신전의 돌들은 헐려 바다 건너 들어온 유럽인들의 신전을 짓는데 동원되었다. 헐려버린 아스텍의 신전은 제국의 최후를 지키던 테노치티틀란의 대들보 같은 존재였다.

그때 테노치티틀란은 호수 위의 도시였다. 멕시코 북쪽에 있던 아스텍 인들은 남쪽 늪지대로 내려와 호수 한가운데의 섬에서 뱀을 먹고 있는 독수리를 보았다. 그리고 이곳이 신이 그들에게 준 땅이라고 여기고 도시를 건설하였다. 1325년 아스텍 인들은 호수의 섬들을 사람이 살 수 있도록 보강하고 연결하여 물 위의 도시를 만들었다. 아스텍은 이 도시를 중심으로 흥망성쇠를 거듭하다가 대제국으로 성장했지만 결국 1521년 스페인에 의해 멸망당했다. 그리고 200년의 역사는 땅속으로 들어가고 말았다.

스페인의 침략자 에르난 코르테스는 테노치티틀란을 점령하고 아스텍의 흔적들을 지우기 시작했다. 그렇게 세워진 것이 오늘날의 멕시코시티이다. 아스텍 제국을 받치고 있던 피라미드 신전은 헐려 메트로폴리타나 대성당이 되었다. 그리고 신전의 나머지 부분은 땅속으로 묻히고 말았다.

그러나 땅속에 묻힌 것은 언제고 다시 세상에 드러나기 마련이다. 1978년 작은 석판 하나가 대성당의 옆에서 발견되었다. 그리고 땅속에서 거대한 아스텍의 신전이 모습을 드러냈다. 아직도 전모는 드러나지 않았고 또 현재의 도시 밑에 묻혀 있어서 전체 규모를 알 수는 없다. 그러나 지금 드러난 것만으로도 당시의 신전이 얼마나 대단했던가를 짐작하기 어렵지 않다. 그렇게 해서 붙여진 이름이 템플로 마요르이다. 거대 사원이라는 뜻이지만 눈 앞에 보이는 것만으로도 거대하다는 것은 과장이 아니다. 침략자들의 손에 의해 땅속에 묻힌 지 450년. 아스텍은 드디어 상처뿐인 몸이지만 다시 그들이 숭배하던 태양 아래 모습을 드러낸 것이다.

스페인에 함락되기 전 이 유적의 마지막 모습과 이곳에서 치러진 의식에 대해서는 당시 이 땅에 들어왔던 스페인 침략자들의 기록에서 확인되고 있다. 기록에 의하면 200개의 계단을 밟고 올라간 피라미드 정상에 두 개의 신전이 있었다. 그리고 무엇보다 충격적인 것은 그 제단에서 산 사람을 신에게 바친 인신공양이 이루어졌다는 것이다. 이 인신공양에 대해서는 부정하는 견해도 있었다. 그러나 2015년 메트로폴리타나 대성당의 뒤쪽에서 촘판틀리라고 부르는 두개골 탑이 발굴되면서 이는 사실로 확인되었다. 인신공양에서 희생된 사람들은 주로 전쟁 포로들로 알려져 있었으나 발굴에서는 여성과 어린아이들의 두개골도 발견되어 희생자들은 보다 많은 계층이 포함된 것으로 보인다.

위와 같은 정황을 보여주는 두 기의 유적이 눈에 들어왔다. 하나는 네 벽

땅 속에서 드러난 피라미드의 중앙계단의 일부이다.

을 두개골 부조로 채운 제단이다. 또 하나는 소위 차크물이라고 부르는 엉거주춤 누워 있는 인물상이다. 이 인물상은 배 위에 큼직한 그릇 하나를 올려놓고 있는데 이는 신에게 바치는 제물을 담는 것이라고 한다. 두개골 제단은 흰색으로 칠해져서 실제 두개골의 느낌이 강하고 차크물에는 붉은색 파란색 검은색 등을 칠했다. 이를 보는 사람은 신에게 바치는 인물의 화려한 의상을 상상할 수 있다. 두개골 제단과 차크물의 조각은 유카탄의 치첸이트사 유적에서도 볼 수 있지만 여기처럼 색을 입힌 것은 없다. 이곳의 화려한 의상은 아마도 일찍이 땅속에 묻혀서 돌 표면의 색칠이 훼손되지 않고 남아 있었기 때문일 것이다.

아스텍의 인신공양과 함께 전해오는 식인 풍습은 상상을 뛰어넘는다. 그것도 불과 500년 전 이야기다. 한국에서라면 조선 중엽에 불과하다. 마치 제사 후 음복하듯이 희생된 사람의 시신을 함께 먹었다는 것이나 식량 부족으로 인해 식인 풍습이 생겼다는 말은 스페인 사람들이 견문을 기록한 데에도 나온다고 하지만 그냥 뒷사람들이 지어낸 설화쯤이었으면 좋겠다.

어쨌든 아스텍의 통치자들이 전쟁 포로나 일반 백성들 또는 여성과 어린아이들을 신 앞에서 죽이고 아직도 뛰고 있었을 그들의 심장을 바쳤던 것은 사실인 듯하다. 그들은 사람의 생명에 대해서 어떤 생각을 했을까? 신성한 존

두개골 제단. 흰 색의 칠이 두개골의 느낌을 훨씬 더 실감나게 해준다.

신에게 바친
전쟁 포로로
추정되는 차크물
석상. 오랜 세월
지하에 묻혀 있었기
때문에 본래의 색을
유지하고 있다.

재이므로 신에게 바치는 제물로 사용했을까? 아니면 통치 수단으로 활용하여, 자기 나라의 일반 백성들이나 이웃 나라가 그들에게 두려움을 갖고 복종하는 것을 목적으로 삼았을까?

마야의 땅에 자리 잡은 이방인의 신

세계 어디에서나 태양은 섬김의 대상이었다. 태양이 화를 내면 가뭄이 들기도 하고 홍수가 나기도 했다. 그러면 먹을 게 없어지고 당연히 사람들은 목숨을 유지하기 어려웠다. 마야인들도 태양을 신으로 섬겼다. 신을 섬기기 위해 커다란 돌을 쌓아 엄청나게 큰 피라미드를 만들고 그 위에 또 신전을 지어 제사를 드렸다. 그냥 제사만 지낸 것이 아니라 사람을 산 채로 잡아 심장을 바치기까지 했다. 그들의 태양은 밝고 따뜻한 햇살만 준 것이 아니라 많은 사람의 목숨을 빼앗아 가는 무서운 존재이기도 했다.

바다 건너의 모습이 다른 사람들이 그들의 나라를 빼앗고 자기들이 섬기던 신을 모셔 왔다. 아스텍의 농민들에게는 그들을 다스리는 자가 그들의 황

메트로폴리타나 대성당. 왼쪽이 본당이고 오른쪽은 주교의 의상이나 자료의 보관과
성찬식, 세례식 등을 거행한 사그라리오 성당이다.

사그라리오 성당의 정면 벽 조각 장식이 석양에 빛난다.

제인가 침략자 코르테스인가는 중요한 것이 아니었을지도 모른다. 그들은 평화롭게 농사짓고 그들이 모시는 신에게 죄도 없이 생명을 바치지 않아도 되는 세상을 원했을 것이다.

코르테스는 처음 아스텍 군대에게 참패를 당한 후 테노치티틀란 밖에 있는 다른 마야인들과 손잡고 다시 테노치티틀란을 공격했다. 전쟁을 종결시킨 결정적 이유는 천연두의 유행이라고는 하지만 코르테스 편에 힘을 보탠 많은 원주민들이 있었다. 이러한 사실은 원주민들이 아스텍의 통치자와 신에 대해 적대적이었음을 알려준다. 대규모 토목공사나 인신공양 등이 주민들을 침략 세력과 손잡게 했을 것이다.

침략자들은 아스텍 제국의 신전을 허물고 그들의 신전, 즉 성당들을 지었다. 사람들이 메트로폴리타나 대성당으로 부르는 성당은 스페인 침략자들의 상징으로 자리 잡았다. 성당의 정식 이름은 성모 마리아 승천 대주교 성당 (Cathedral Metropolitana de la Asuncion de la Santisima Virgen Maria a los cielos)이다. 무려 240년이나 걸려서 지은 이 성당은 대부분의 대형 성당과 마찬가지로 그 큰 규모가 사람을 주눅 들게 한다.

성당에서 가장 눈에 띄는 것은 들어서면서 바로 마주치는 용서의 제단이다. 제단 벽 중앙에 성모 마리아 모자상이 있고 그 오른쪽에 십자가에 매달린 예수상이 있다. 제단에서 주목되는 것이 바로 이 예수상이다. 예수상의 피부는 검은색이다. 검은 예수라면 레이디 가가라는 미국 가수의 노래 〈블랙 지저스〉가 떠오르기도 한다. 그는 기존과는 완전히 다른 새로운 사고방식으로 기독교를 인식하는 의미에서 예수를 흑인으로 노래했다. 이는 아프리카에서 백인 중심의 기독교적 세계관을 벗어나기 위해서 등장한 것이다.

그러나 메트로폴리타나의 검은 예수는 원주민의 입장에서 나온 것이 아니라 스페인 통치자들이 원주민들에게 효과적으로 가톨릭을 선교하기 위해 만든 것이라고 한다. 백인 예수보다는 원주민의 피부색에 가까운 검은색이 원주민에게 더 가까이 다가갈 수 있다는 생각에서였다는 것이다. 이것은 하나의 기만술이라고 할 수 있지만 당시 원주민들에게는 긍정적으로 수용되었던 듯하다. 용서의 제단이라는 이름도 이단으로 처형될 사람들에게 형을 내리기 전에 신에게 용서를 빌도록 하는 장소로 사용된 데서 비롯되었다는 설이 있다.

예수는 머리에 금관을 쓰고 있다. 금관의 예수가 식민지 시대 원주민들에

금관의 검은 예수가 검은 십자가에 매달렸다. 십자가의 배경은 황금빛 제단이지만 측면에서 보면 희고 밝은 성당 벽이 검은 예수를 더 돋보이게 한다.

게 얼마나 많은 위로를 주었을까? 갑자기 가난한 사람들의 예수에 대한 원망이 가득 담긴 김민기의 노래 〈금관의 예수〉가 떠올랐다.

멕시코 독립에 앞장선 성모 마리아

1521년에 아스텍이 스페인에게 망했고 후안 디에고라는 사람이 가톨릭으로 개종한 것은 1531년이었다. 디에고는 식민통치가 시작된 초창기에 이미 가톨릭 신자가 된 사람이다. 메트로폴리타나 대성당을 짓기 시작한 것은 그 후 40년이 지나서였다. 후안 디에고의 이름이 유명해진 것은 성모 마리아가 그 앞에 나타났다는 이야기 때문이다. 더군다나 그의 앞에 서 있는 성모는 멕시코의 원주민 모습을 하고 원주민 말을 하고 있었다.

그가 성모 마리아를 친견한 곳은 현재 과달루페 성당의 뒤편에 있는 테페약(Tepeyac) 언덕이다. 여기에서 성모는 디에고에게 추운 겨울에 장미꽃이 피는 기적을 보여 주었다. 그리고 성모는 자신을 '과달루페(Guadalupe)의 영원

메트로폴리타나 대성당 안의 작은 예배구역에서 한 남자가 기도를 드리고 있다.

후안 디에고가 처음 성모를 만난 테페약 언덕 위의 세리토 교회.
한 젊은이가 굳게 닫긴 문앞에서 기도를 드린다.

석양을 등진 과달루페 성당의 실루엣

한 동정 마리아'로 불러달라고 했다. '과달루페'란 말은 '뱀을 물리친 여인'이라는 뜻이라고 한다.

여기서 말하는 뱀은 성경에 나오는 사탄의 상징이 아니다. 마야인들, 또 아스텍인들이 신성하게 받들던 풍요와 다산의 상징인 '깃털 달린 뱀'이다. 이 뱀은 마야 유적 어디에서나 만날 수 있다. 가톨릭은 그 깃털 달린 뱀을 숭배하던 자리에 성당을 세워나갔다. 과달루페의 성모라는 말은 결국 토착 마야의 신을 물리친 성모라는 뜻으로 해석할 수 있는 것이다.

후안 디에고가 과달루페 성모를 만난 테페약 언덕에 성당을 지으라는 성모의 명에 따라 지은 것이 지금 보는 과달루페 성당이다. 이후 과달루페 성모는 멕시코에서 남아메리카 전역에 걸쳐 그 땅에 사는 사람들의 수호자로 추앙되었고 멕시코인들의 마음속에 최고의 거룩한 존재로 자리 잡았다.

가톨릭은 침략자들의 통치수단으로 전파된 것은 사실이지만 멕시코 사람들이 험난한 역사를 헤쳐나가는데 가장 큰 힘이 된 종교가 되었다. 그 중심에 과달루페 성모가 있는 것이다. 과달루페 성모의 존재는 스페인 정복자들이 원활한 식민통치를 위해 조작한 것이라는 설이 설득력 있게 들린다. 그러나 멕시코 독립전쟁 시기의 군대 깃발에까지 과달루페 성모가 그려졌다고 하니 성모의 존재는 실로 멕시코의 국가적 상징이라고도 할 수 있겠다. 종교가 가지고 있는 이중성에 대해 여러 가지로 생각을 하게 하는 대목이다.

길을 걷다가 만난 어느 한국 농민의 초상

도시를 걷는다는 것은 교외에 나가서 들 길을 걷거나 산에서 트레킹을 하는 것과는 다른 그 나름의 즐거움이 있다. 그래서 여행 중에 큰 도시에 머물 때면 나는 하루 정도를 그냥 아무 목적 없이 걷는 시간을 갖는다. 시내 중심의 번화가를 걷기도 하고 변두리의 좁은 골목을 걷기도 한다. 역사적으로 중요한 큰 건물을 지나기도 하고 서민들의 오랜 삶의 흔적이 켜켜이 쌓인 것을 보는 것도 즐겁다.

다른 나라에 가면 모든 것이 새롭다. 그 땅에 살아온 사람들에게는 평범한 일상에 지나지 않지만 처음 그곳에 간 사람은 이제껏 보지 못한 흥미로운

국립예술궁전 앞에는
50년도 더 지난 1968년
멕시코올림픽의 기념
조형물이 서 있다.

낯선 풍경들이기 때문이다. 차를 타고 지나갈 때면 그저 피상적으로 스쳐 지나가고 만다. 그러나 길을 걸으면 옆으로 지나가는 풍경이나 사람들이 천천히 마음 속에 들어와 앉는다.

멕시코시티의 허파라 할 수 있는 곳, 바로 시내 한복판의 숲이 알라메다 센트럴 공원이다. 국립예술궁전과 소칼로 광장에서 이어지는 넓은 숲은 1592년에 만들어진 것이다. 한국에서는 임진왜란이 일어난 해이다. 멕시코는 물론 미국까지 포함해서도 가장 오래된 도시공원이다.

이 공원은 스페인 통치자들에 의해 만들어진 것이다. 식민지 기간 동안 멕시코 원주민들에게는 출입이 허용되지 않는 공간이었다. 유럽의 공원도 처음에는 귀족들의 전용 공간이었다. 일반 시민들은 공원을 산책할 시간도 없었지만 그럴 자유도 없었다. 유럽인, 즉 스페인 사람들에 의해 만들어진 알라메다 공원도 마찬가지였다.

이 넓은 숲이 이 땅의 원주민들에게 허용되었다는 것은 바로 식민지로부터 독립되었다는 것을 의미했다. 멕시코인들은 독립 후 비로소 공원을 산책할 수 있게 된 것이다. 스페인 사람들은 당시 유행한 프랑스 공원 양식을 도입하여 알라메다를 조성한 것이다. 미국이 알라메다 센트럴 공원을 모델로 삼아 뉴욕의 센트럴 파크를 만들었다는 것은 또 하나의 놀라운 사실이었다. 알

라메다 공원이 근대 공원의 역사에서 새로운 기원을 이루고 있음을 보여주는
것이다.

숲길을 거닐면서 신선한 공기를 마시고 마음 맞는 친구들과 대화를 즐기
는 일은 자연스럽게 찾아온 것이 아니었다. 내가 이 공원을 이렇게 거닐고 먼
외국에 여행을 와서 한가로운 시간을 갖는 것도 실은 오랜 세월 스페인 식민
통치에 대해 투쟁한 멕시코 사람들의 덕이기도 한 것이다. 참으로 소소한 일
상 어느 하나도 역사의 변화에 힘입지 않은 것이 없다.

어디가 어딘지도 모르면서 시내를 여기저기 걷다가 나는 뜻밖의 인물을
만났다. 동양인의 얼굴이 어느 건물의 담벽에 붙어 있었다. 사진 설명은 스페
인어로 쓰여 있었으나 사진 속의 인물이 한국인이라는 것은 금방 알 수 있었
다. 그가 들고 있는 흰 패널에 'WTO가 농민을 죽인다(WTO Kills FARMERS)'

알라메다 공원 숲에서 담소를 즐기는 시민들

칸쿤의 WTO 총회장 앞에서 시위하던 한국농민 이경해의 자결 순간을 담은 사진

라는 글씨가 보였다.

오래전 뉴스가 떠올랐다. 칸쿤에서 열린 국제무역기구 회의에 한국 농민들이 가서 격렬한 시위를 벌였고 그 과정에서 한 농민이 자살을 했었다. 당장 스마트폰으로 검색을 했다. 이경해, 그의 이름이다. 벽에 붙은 넉 장의 사진은 당시 한국의 신문에서는 볼 수 없었던 것들이다. 그는 왼쪽 가슴에 칼을 꽂은 채 손을 들고 절규하고 있었다.

나는 그 앞에서 발걸음을 뗄 수 없었다. 이 먼 나라에까지 와서 그가 이런 과격한 행동을 해야만 하는 절실한 이유를 멕시코 사람이라고 모를 리 없었을 것이다. 한국 사람들이 이미 다 잊고 있던 한 농민의 처절한 순간이 16년이나 지난 멕시코시티 길거리의 한 벽에 멈추어 있었다.

2

죽은 자들이 만든 신의 도시

테오티우아칸

사람이 위대한가? 신이 위대한가?

거대 기념물 앞에 서면 자신이 한없이 왜소하게 느껴진다. 그런데 내 앞에 있는 저 기념물도 나 같은 사람이 만든 것임을 생각하면 사실 내가 위축될 필요는 없다. 어떤 힘 있는 자가 나 같은 사람들을 가혹하게 부렸겠지. 참으로 많은 사람이 희생되었을 것이다.

생각해보면 어처구니없는 짓이다. 이처럼 계산할 수도 없는 인력과 시간을 바쳐서 사람들의 삶에 아무런 보탬도 되지 않는 돌덩이들의 구조물을 만든 것을 나는 이해할 수 없다. 그 명분이 사람들의 풍요와 안녕을 위해 신에게 제사를 올리기 위한 것이라도 이처럼 많은 사람의 희생을 바탕으로 한다면 용납할 수 없다. 그것도 바로 사람의 생명을 바쳐서 하는 일이라니. 그 신이라는 것도 실은 사람의 창조물이라는 것을 생각해보면 말할 나위조차 없지 않은가? 신의 도시라는 뜻을 가진 테오티우아칸에서 태양의 피라미드를 보면서 든 생각이다. 태양의 피라미드는 세계에서 세 번째로 큰 것으로 알려져 있다.

태양의 피라미드는 테오티우아칸(Teotihuacán) 유적의 중심을 차지하고 있

달의 피라미드 앞에 있는 제단 뒤로 태양의 피라미드가 우뚝 서 있다.

태양의 피라미드. 밑면은 긴 변 231.6미터, 짧은 변 219.4미터, 높이는
65미터이며 세계에서 세 번째로 큰 피라미드라고 한다.

다. 기원전 300년 경에 축조되어 천 년 동안 지속되었다는 이 도시는 700년
경 갑자기 사라졌다. 그로부터 다시 600년이 지나 아스텍인들이 이곳에 들어
왔다. 그들은 이곳에 들어와서 어마어마한 유적들을 보고 얼마나 놀랐을까?
테오티우아칸이라는 이름도 아스텍인들이 붙였다고 한다. 지금 전하는 대부
분의 유적 명칭은 모두 아스텍인들이 붙인 것이다.

테오티우아칸 또는 여타의 멕시코의 피라미드는 산 사람을 죽여 제물로
바치기 위한 것이었다는 점에서 죽은 자의 집으로 지어진 이집트의 피라미드
와는 구별된다. 멕시코의 피라미드는 신을 위해 산 사람을 죽이려고 만든 것
이지만 이집트의 것은 죽은 권력자를 위한 것이다. 하긴 이집트에서도 죽은
자와 함께 산 사람을 매장하는 순장 제도가 있었다고 하니 신분이 낮은 평민
이하의 사람에게는 뭐가 더 낫고 못한가를 따지는 게 의미가 없기도 하다.

이곳을 찾은 사람들은 뜨거운 햇볕 아래 온몸을 내놓고 까마득히 높은 피
라미드의 정상으로 올라간다. 태양의 피라미드 위에는 2월 말이지만 한증막
같은 열기가 가득했다. 그곳에 올라선 사람들은 거기서 산 채로 몸을 갈라 심
장을 꺼내 저 뜨겁게 타는 태양에게 바쳤다는 잔혹한 역사를 어떻게 생각할까?

죽은 자의 길과 달의 피라미드

인신공양을 한 피라미드는 달의 피라미드가 더 유명하다. 달의 피라미드는 태
양의 피라미드보다 규모는 작지만 건축시기는 더 앞서는 것으로 알려져 있다.
태양의 피라미드 앞을 지나는 직선의 도로를 '죽은 자의 길'이라 부른다. 태양
의 신에게 자신의 몸을 신에게 바칠 사람들이 이 넓고 곧은 길을 걸어서 달의
피라미드로 간다. 뜨거운 태양 아래 멀리 자기들의 심장을 바칠 달의 피라미
드를 바라보면서 발걸음을 옮기는 희생자들의 심정은 어떠할까? 신에게 자신
을 희생물로 바치게 된 것을 영광스럽게 생각하였을까? 아니면 다른 사람의
생명과 안전을 위해 자신의 몸이 선택된 것을 신에게 원망하였을까?

케찰코아틀 곧, '깃털 달린 뱀'이라는 뜻의 이름을 가진 케찰코아틀 사원
에서 달의 피라미드까지 2.5킬로미터, 드넓은 대로는 죽으러 가는 자에게는
너무나도 먼 길이다. 길의 중심에 태양의 피라미드가 있다. 이 길의 양쪽에는

신전이나 제단으로 보이는 보다
작은 규모의 피라미드들과 광장
그리고 건축물의 흔적으로 보이
는 돌의 구조물들이 수없이 늘어
서 있는데 당시 이 유적이 얼마나
크고 훌륭한 종교적 대단지를 이
루고 있었나를 짐작할 수 있다.

죽은 자의 길 남쪽
건물군에 있는 깃털
달린 뱀의 머리 조각

죽은 자의 길이 끝나는 달의
피라미드 앞 광장은 우주적 질서
의 원리에 의해 설계되었다고 하
고 하늘, 땅, 지하의 힘이 모인 곳
이라고 전해진다. 이미 나는 멕시
코시티의 템플로 마요르에서 피라미드의 계단과 인신공양의 자취를 보고 왔
다. 그러나 테오티우아칸의 태양과 달의 피라미드야말로 앞으로 이 여행에서
전개될 마야인들의 죽음의 의식을 예고하는 서막이라 할 만하다.

달의 피라미드 앞에는 화려한 조각이 새겨진 사원 건물이 있다. 사원의 내
부에는 새가 새겨진 기둥의 회랑으로 둘러싸인 작은 내정이 있다. 황색 끼가
도는 기둥과 그 위에 사방으로 돌아가는 붉은색의 벽화, 그리고 짙푸른 하늘
이 만들어내는 공간 배치는 놀랍도록 아름답다. 기둥에 새겨진 새의 조각은
연하고 짙은 붉은색 돌과 흰색의 돌을 짜 맞추어 마치 정교한 채색화를 보는
듯하다. 당시 마야의 사람들이 가진 미적 감각은 놀랍기만 하다.

달의 피라미드

달의 피라미드에서 본 죽은 자의 길. 달의 광장이라는 이름을 가진 전경의 넓은 광장에는 우주적 질서가
구현되었다고 한다. 멀리 왼쪽으로 태양의 피라미드와 함께 길 양쪽으로 많은 제단들이 보인다.

사원의 내정

기둥에 새겨진 새의 조각상

벽화 앵무새 행렬도의 일부

한 기념품 상인이 뙤약볕 아래 힘겹게 걸음을 옮긴다.

이 작은 새는 이후 멕시코의 여러 지역에서 자주 만났다. 버밀리온 플라이캐처(vermillion flycatcher)라는
이 새는 나에게 멕시코의 상징처럼 여겨졌다.

3

도시를 감싸는 예술의 향기

오아하카

눈길 닿는 곳 어디에나 박물관이 있다

이 도시에는 특별한 무엇이 있다. 어느 골목엘 들어가나 박물관과 미술관이 있다는 것이다. 골목이 끝나는 곳에는 넓은 광장이 있고 광장에는 수백 년 된 아름다운 성당이 눈앞을 막는다. 그리고 머리를 들면 사방으로 팔을 벌린 나뭇가지들 틈으로 파란 하늘이 보인다.

오아하카 시는 오아하카 주의 주도이니만큼 인구 25만이 넘는 작지 않은 도시이긴 하지만 유네스코 세계유산에 등재된 구 도시는 한나절이면 여기저기 돌아볼 수 있는 정도이다. 이 좁은 지역에 박물관이 무려 50개가 넘는다. 그러니 길을 가다가 저 집은 좀 오래되었다고 생각된다거나 모양이 좀 특별하다고 생각되면 그곳은 박물관이나 미술관임이 거의 확실하다. 그중에서 내 관심을 끌 만한 것으로는 루피노 타마요 프레이스파니코 미술관, 로스핀토레스 박물관 그리고 알바레스 브라보 사진미술관 등이 있었다.

로스핀토레스 박물관의 안마당.
하늘이 마치 남색 물을 들인 면포가 걸린 천장처럼 보인다.

박물관이나 미술관은 전시된 내용도 볼만하지만 건물 자체도 전시품 못지 않게 볼거리의 대상이 된다. 특히 밖에서 볼 때는 후줄근하고 낡은 평범한 건물에 지나지 않던 건물도 안으로 들어서면 다른 세계에 온 듯 색다른 경관이 펼쳐진다. 로스핀토레스 박물관이 대표적이다. 침침한 건물의 현관을 들어서면 놀랄만한 백색 경관이 펼쳐진다. 흰색의 아름다운 기둥이 사방을 둘러싸고 있는 2층의 건물은 마당만큼의 넓이로 뚫려있는 하늘까지 한 폭의 미술품으로 만들어 버렸다. 그래서 나는 전시실의 미술품을 본 시간보다 더 긴 시간을 하늘 보는데 써버리고 말았다.

대문부터 사진 거리인 사진 박물관

길을 가다가 붉은 벽 가운데에 노란색 테두리를 두른 대문이 눈에 들어왔다. 보도의 끄트머리에 검은 색 가로등이 높직히 서있고 자전거 한 대가 기대 있었다. 그 원색의 조화에 끌려 카메라를 꺼내 든 순간 노란 대문으로 노란색 옷의 여성이 나오고 있었다. 촬영부터 하고 집 안으로 들어서니 내가 가보려고 예정했던 알바레스 브라보 사진박물관이었다. 알바레스 브라보는 그의 사진 작품이 유네스코 세계기록유산에 등재될 만큼 멕시코에서는 물론 세계적으로도 중요한 사진가이다.

그는 20세기 초반 어린 시절에 멕시코 혁명을 직접 눈으로 보면서 자랐고 20대에 들어서면서 사진작가로 살기 시작했다. 그의 사진 작업은 대부분 멕시코 원주민들을 멕시코의 중심에 내세우는 데 쓰였다. 1902년에 나서 2002년에 죽었으니 백 년이라는 긴 시간을 살았고 스무 살 무렵부터 사진을 시작했으니 80년을 사진작가로 살아온 셈이다. 그가 살아온 백 년은 멕시코의 근현대사 자체였으니 그의 작품들이 세계기록유산이 되는 것은 당연하지 않겠는가?

또 멕시코의 벽화들이 세계적으로 주목을 받은 것도 알바레스 브라보의 사진 때문이었다고 한다. 멕시코로서는 그를 단순한 사진예술가로서가 아닌 멕시코 혁명의 증인이고 멕시코 현대미술을 세계적으로 알린 현대 예술의 중심축으로 인정하지 않을 수 없었을 것이다.

알바레스 브라보 사진미술관의 대문

알바레스 브라보 사진미술관 안뜰 벽의 꽃 덩굴

오아하카의 축산 박람회에서 보트를 탄 두 여인을 촬영한 사진으로 그는 처음 큰 사진상을 받게 되었다고 한다. 그는 생애의 대부분을 멕시코시티에서 보냈다. 그러나 1996년 오아하카에 알바레스 브라보 사진 센터가 설립되었는데 이는 그의 첫 사진상과 연관되지 않을까 짐작된다. 이 사진 박물관은 바로 그 사진 센터에서 운영하는 것이다. 노란 대문을 들어서니 갑자기 눈앞이 현란해졌다. 햇볕을 정면으로 받고 있는 맞은편에 붉은색의 꽃을 매단 덩굴식물이 벽을 가득 채우고 있었다.

멕시코의 전형필, 루피노 타마요(Rufino Tamayo)

우리의 박물관들은 우선 겉모양이 다른 건물들과 선명하게 구별된다. 그것들은 주변의 건물에 비해 권위적이기도 하고 특별한 예술성으로 눈길을 끌기도 한다. 오아하카의 박물관들을 돌아보면서 나는 건물의 외양들이 명성에 비해 놀라울 정도로 평범하다는 것에 놀라지 않을 수 없었다. 그들은 낡은 옷을 걸친 노인처럼 느껴졌다. 그 대표적인 곳이 타마요 고대 미술관이다. 정식 이름은 루피노 타마요 프레이스파니코 미술관이다.

프레이스파니코 미술관이란 멕시코가 스페인의 식민지로 되기 이전의 유

오아하카 섬유박물관
2층에서 내다 본
안뜰 공간

물을 전시한 미술관이란 뜻이다. 멕시코의 역사는 스페인 사람들이 들어오기 이전과 이후로 크게 나뉜다. 16세기에 스페인이 들어왔으니 멀리 구석기시대부터 16세기까지가 하나의 시대로 묶여서 다루어지는 것이다. 그러니 프리이스파니코 미술관은 곧 고대 미술관이라 불려도 크게 잘못은 아닐 것이다.

루피노 타마요는 현대 멕시코를 내표하는 화가이다. 그러나 그가 왕성하게 활동을 하던 20세기 전반기에 멕시코의 미술가들은 혁명적 이데올로기를 작품화하는 것을 높이 평가하였다. 타마요는 미술작품이 특별한 지역이나 민족을 위해 이바지하여야 한다는 데 동의하지 않았다. 보편적 미의 세계를 추구하던 타마요는 멕시코에서 견디지 못하고 뉴욕으로 가서 활동하였고 크게 성공하였다. 세계적 명성을 얻고 나서야 그는 다시 멕시코시티로 돌아갈 수 있었다.

그는 한편으로 멕시코의 고대 유물들이 유럽으로 빠져나가는 것을 막기 위해 마야와 아스텍 문명이 남긴 유물들을 광범위하게 수집하였다. 한국으로 치면 전형필에 비유할 수 있을까. 그의 수집품의 대부분은 이 오아하카의 박물관에 전시되어 있어 많은 고대 미술사학자들에게 오아하카는 특별한 도시로 기억된다.

그런데 전시장의 대부분을 차지하는 고대 토기들보다 나의 눈길을 끈 것은 유물 자체가 아니라 전시장의 조명이었다. 전시장에 들어서면 붉은색과 푸른색의 진열장 속에 흙으로 빚은 토기나 토우들이 제각각 포즈를 취하고 관람자들을 보고 있는데 그 모습은 배경색으로 인해 무척 신비한 느낌을 자아내고 있었다. 그것은 아무나 흉내 낼 수 없는 타마요식 전시 방법인지 모르겠다.

박물관을 기웃거리다 보면 전시품보다 건축구조에서 경이로운 경험을 할 때가 있다. 오아하카 섬유박물관에 들어갔을 때 좁은 안마당에서 올려다 본 하늘에서 놀랐고 2층 복도에서 내다 본 공간 체험이 또한 놀라웠다. 오아하카의 박물관들은 이래저래 놀라움으로 가득했다.

너무나 예술적인 거리의 사람들

길을 걷다가 보도 한쪽에 설치된 잡지 판매대가 눈에 들어왔다. 각종의 크고 작은 잡지들이 거치대에 가득 전시되어 있고 사람 키보다 약간 높은 천장에는 여러 종류의 포스터들이 걸려 있었다. 그중에 큼직하게 인쇄된 여자의 흑백 사진이 눈에 들어왔다. 마리아 사비나(Maria Sabina)라는 이름이 커다랗게 쓰여 있었다. 여행을 떠나기 전 멕시코에 관한 자료를 인터넷으로 검색하면서 인상 깊게 보았던 그 인물이 오아하카 사람이란 것을 길거리 서점에서 알게 되었다.

마리아는 신비한 버섯을 가지고 의식을 행하여 병자를 치료한다는 세계적으로 알려진 샤먼이었다. 1960년대 히피 문화가 세계를 휩쓸 때 전 세계의 젊은이들이 마리아를 찾아왔다고 하고 유명한 록 가수들이 찾았다는 말도 전하고 있다. 어쨌든 마리아는 신성한 여성 샤먼으로 오아하카를 대표하는 인물임에는 분명해 보였다.

거리를 걷다 보면 골목 양쪽에 들어선 요란하지 않은 채색의 건물들도 아름답지만 그 길을 걷는 사람들조차 예술 작품인 양 보인다. 이것은 이방인의 눈에 들어온 낯선 세계의 일상에 지나지 않을지도 모른다. 그러나 배경이 아무리 훌륭해도 무대에 올라선 배우가 어울리지 않는다면 배경조차 아름답게

1960년대의 세계적 샤먼 마리아 사비나의 흑백 포스터가 걸린 길거리 서점

보이지 않을 것이다. 배우와 무대가 서로 어우러진다는 것은 이 도시가 가지고 있는 커다란 매력이다.

　나는 광장 한편에 앉아 지나다니는 사람들과 건물 사이를 날아다니는 새들 그리고 나뭇가지에 걸린 낮달까지 한참씩 바라보며 앉아 있고는 했다. 그것은 미술관에 앉아 미술작품을 감상하는 것이나 극장에 앉아 연극 공연을 감상하는 것과 다르지 않다. 하늘에 흘러가는 구름과 거리를 지나는 사람과 오랜 세월을 버티고 있는 나무들과 건물들이 그렇게 아름다울 수가 없었다.

미술관 성당과 박물관 수도원

멕시코에 있는 대부분의 도시에는 시 중심에 소칼로라고 하는 광장이 있고

시장바닥이 공부방인 아이

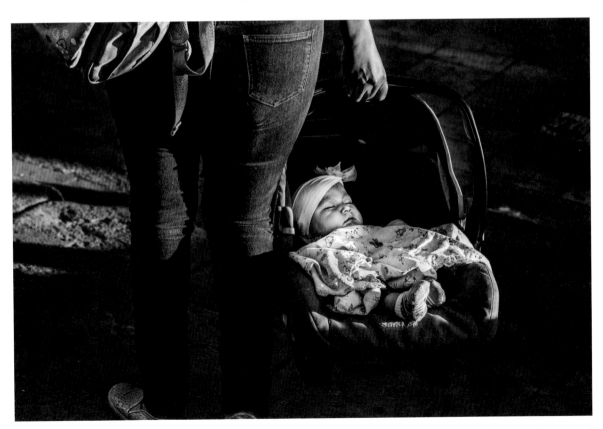

엄마 손에 매달린 포근한 아기 잠자리

붉은 댕기와 붉은 치마가 오아하카의 거리를 붉게
물들였다. 뒤에 보이는 성당이 오아하카 대성당이다.

오아하카 대성당의 정문

새 한 마리가 길가 담벼락에 벽화를 그렸다.

아름다운 길에서는 그 길을 걷는 사람조차 아름답다.

저녁 무렵 시내 광장에서 열리는 음악회가 도시를 더욱 아름답게 꾸며준다.

그 도시를 대표하는 대성당도 그 광장 한편에 있다. 그런데 오아하카를 대표하는 성당은 소칼로에서 500미터쯤 떨어져 있다. 바로 산토도밍고 성당이다. 이 성당의 앞 광장은 소칼로에 있는 오아하카 대성당의 광장보다 더 밝고 따뜻한 느낌을 준다. 사회에서 소외되고 어려운 계층의 사람들이 와서 시민들에게 하소연하는 곳도 이곳 산토도밍고 성당의 광장이다.

산토도밍고 성당은 멕시코의 역사적 부침을 따라 많은 수난을 겪어 왔다. 전쟁이 일어나면 군부대가 주둔하는 병영이 되기도 했고 시도 때도 없이 일어나는 지진은 이 아름다운 건물이 제 모습으로 유지되는 것을 불가능하게 만들었다. 그러나 그러한 수난을 겪어 오면서도 이 성당은 세계적인 관심을 받으며 최근까지 복구 작업이 계속되어 본래의 아름다움을 잃지 않고 우리 앞에 서 있다.

성당에 붙어 있는 수도원 건물은 지금 오아하카 지역의 문화와 역사를 전시하는 박물관이 되었고 수도원 뒤편은 이 지역에서 자생하는 식물들의 정원이 되어 멕시코를 대표하는 식물원이 되었다.

성당 문을 들어서서 중앙 제단 쪽으로 들어가자마자 천장을 화려하게 장식하고 있는 것은 바로 성 도미니크 곧 산토 도밍고의 족보 그림이다. 이 천장화는 평면적인 그림이 아니라 일종의 부조이다. 황금색의 나무줄기와 가지들이 덩굴처럼 얽혀 있고 가지 사이에는 포도처럼 보이는 열매들이 달려 있다. 가지 끝에는 붉은색과 푸른색의 옷을 입은 인물의 상반신이 꽃처럼 매달려 있다. 이들은 모두 도미니크 교단을 창설한 스페인의 도밍고 펠릭스 데 구스만(Domingo Félix de Guzmán)의 계보를 상징하는 사람들이다.

이처럼 유럽에서 기독교의 중요한 성인들의 가계를 나무 형태로 묘사하는 전통은 다윗

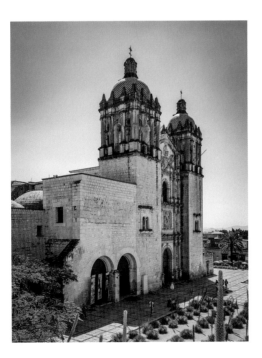

산토도밍고 성당

성당의 현관 입구에서 정면 제단을 향해 서면 머리 위로 성 도미니크의 족보 그림을 볼 수 있다. 족보나무의 맨 끝에 예수를 안고 있는 성모 마리아가 보인다

아래쪽의 성당 입구 천장에는 도미니크의 족보가 새겨진 부조가 있고 이층의 성가대석 천장에는 순교자들의 그림이 있다. 그리고 성모와 예수의 생애 및 여러 성도들의 그림이 성당 내부의 천장으로 이어진다.

성모 마리아를 모신 성모 방의 마리아 상과
천장 돔의 장식

의 아버지 이새로부터 시작되는 족보의 그림에서 시작되었다고 한다. 이는 여러 시대를 거치면서 유럽 기독교 예술의 한 장르로서 다양하게 발전해 왔다. 이제 멕시코의 오아하카에서 가장 화려하게 꽃핀 가계 족보 그림의 정수를 산토도밍고 성당에서 만나게 되었다.

족보 그림의 위는 이층 성가대 석이다. 성가대 석의 천장은 궁륭형으로 되어 있고 궁륭형 천장은 멀리 사제가 집전을 하는 제단 위까지 이어진다. 성가대가 부르는 노래는 천사의 합창처럼 궁륭형 천장을 타고 위로 올라갔다가 다시 아래쪽 미사를 드리는 신자들의 머리 위로 내려온다. 신자들의 귀에 천사의 소리가 들리게 되는 것이다. 신자들은 일주일 간의 노동의 결과로 얻어진 예물을 가지고 이러한 신성한 분위기에 취해 아낌없이 그들의 하느님께 예물을 드린다. 내가 보는 성당의 구조다. 그래서 나 같은 사람도 성당 안에 들어서면 경건한 마음으로 무릎이라도 꿇어야 할 듯한 마음이 일어난다.

성가대 석 천장에는 메달 모양으로 장식된 순교자들의 초상이 있다. 그 궁륭형 천장에서 제단을 향해서 예수와 성모의 생애를 비롯한 여러 성도들의 모습이 길게 이어진다. 그리고 그 끝에는 4인의 교황을 포함한 성도들의 황금색 부조가 장식되어 있다.

나는 이 치밀하고 장엄하며 경건하고 긴 이야기 구조 속에 감추어진 작가의 정신적 집중이 쏟아내는 기에 눌려 주눅 들지 않을 수 없었다. 그리고 이 뛰어난 정신의 힘이 신을 위해 쓰이지 않고 사람을 위해 쓰였더라면 어땠을까 하고 생각했다. 그러다가 어느 시대나 예술가의 마음속에는 사람이 신보다 먼저였을 거라는 생각도 했다. 어떤 위대한 종교 미술 속에도 당시 사회 속에 감추어진 사람들의 고뇌와 갈등들이 숨어 있다고 믿기 때문이다.

또 고려 탱화의 정교함과 아름다운 관음보살의 자비로운 미소도 떠올랐다. 그 미소는 중생의 구제를 위한 것이었을까 아니면 귀족의 사치를 위한 것이었을까? 나는 함석헌 같은 비분강개형 역사관으로 고려청자나 탱화를 보는 데 찬성하는 것은 아니지만 이러한 걸출한 종교 미술 앞에 설 때면 앞서와 같은 질문을 스스로에게 자주 했었다.

성당의 옆에는 수도원이 붙어 있다. 아니 바로 말하면 성당은 수도원의 부속 시설이라고 해야 할 것이다. 산토도밍고 성당은 산토 도밍고 수도원의 일부이기 때문이다. 이제는 더 수도가 필요 없어졌는가? 현재 오아하카 지역의 역

수도원 안마당의 한 낮 풍경

수도원은 분수가 솟구치는 안마당을
중심으로 돌아가는 회랑으로 둘러싸여
있다.

회랑벽의 감실. 꽃병까지 더해져 지나가는 사람의 마음을 따뜻하게 해준다.

성당의 지하에 있는 도서관

지하 도서관에는 안마당이 있어서 지하로 생각되지 않고 따뜻한 햇살이 창을 통해 서고 안까지 들어온다.

사 문화 박물관으로 꾸며진 수도원은 박물관이 되기 전부터 이미 전체가 하나의 미술관이라고 해도 손색이 없다. 벽마다 액자처럼 제작된 프레스코화의 성인 그림들이 미술관에 걸린 작품처럼 보인다. 이 그림들이 붙어 있는 회랑 또한 아름다운 바로크 양식 건축을 보여주고 있어 방안의 유물보다 해가 잘 드는 회랑에 앉아 있는 것이 훨씬 마음이 풍요롭게 느껴진다. 회랑의 기둥 사이로는 수도원 안마당이 내려다 보이고 마당에는 돌기둥 사이에 분수가 솟구친다. 이곳에 앉아 있으면 그 평화로움에 내가 마치 몇 백 년 전으로 돌아가 있는 것 같다.

4

수만 년의 화석 폭포와
수천 년을 살아온 나무

이에르베엘아구아,
툴레의 나무

바위가 된 폭포

흙이 굳어서 돌이 되기까지 걸린 시간이 몇 천 년인지 몇 만 년인지 알 수가 없다. 그 돌 틈에서 샘이 솟아 그 돌을 녹여냈다. 그리고 다시 몇 천 년, 아니 몇 만 년을 지내면서 돌이 녹아 흐른 물이 다시 돌 위를 덮고 또 돌이 되었다. 그래서 절벽 위로 떨어지던 물의 폭포는 물이 녹여낸 바위의 폭포가 되었다. 지금도 폭포가 된 바위 위로 또 물이 흐른다. 그 물이 다시 바위를 녹이고 바위 폭포는 지금도 계속 만들어진다.

그렇게 만들어진 폭포가 이에르베엘아구아(Hierve el Agua), 우리말로 하면 끓는 물 폭포이다. 끓는 물이란 이름은 바위틈에서 솟아나는 샘을 가리키는 말에서 온 것이다. 높이 90미터와 60미터의 두 흰색 바위 폭포는 멀리서 보면 실제 물이 흰 포말을 일으키며 쏟아져 내리는 듯 보이거나 또는 한 겨울의 얼어붙은 폭포처럼 보인다. 물에 녹은 석회암의 흰색으로 인해 폭포는 소금 폭포라는 이름도 가지고 있다.

이 폭포를 만든 바위는 석회암 덩어리다. 물에 녹은 석회암이 오랜 세월 바위 절벽을 흘러내려 폭포를 이룬 것이다. 폭포 위의 넓은 석회암에서는 바위틈에서 샘이 솟아오르고 그 물이 모여 작은 못을 여러 개 만들고 있다. 지

석회암을 뚫고 나온 지하수가 산 꼭대기 석회암을 녹여 기이한 풍경을 이루었다.

69

절벽 바로 위에 형성된 석회암의 풀장

마치 얼어붙은 것처럼 보이는 흰색의 석회석 폭포

마을에는 주로 노인들이 보이지만 이에르베엘아구아의 신성한 샘으로 인해 오히려 이 지역이
장수마을이라는 것을 알려주는 듯하다.

이에르베엘아구아로 가는 길에서 만난 새들

금은 커다란 인공 못을 만들어 많은 사람들이 수영이나 목욕을 즐기고 있지만 이전에는 작은 웅덩이들이 지역 주민들에게 목욕탕 구실을 했을 것이다. 이 물에서 목욕을 하면 여러 가지 병이 나았는데 그로 인해 이 물과 신비한 바위 폭포는 신성한 존재로 추앙되었다. 물론 여기서 솟은 샘물이 치유 능력을 지닌 것은 물속에 함유된 탄산칼슘이나 마그네슘 등의 광물질 때문이다.

폭포를 절벽 아래에서 치켜 보면 거대한 고드름처럼 보이는 종유석들이 돌기둥을 이루고 하늘에서 땅으로 내려 꽂힌 듯하다. 이러한 지형은 석회암 지대가 발달한 세계 곳곳에서 볼 수 있지만 산 꼭대기에 이렇게 거대한 돌기둥 폭포를 볼 수 있는 곳은 별로 들은 바가 없다. 석회암과 지하수가 솟아 만들어진 특이한 지형은 고대 마야인들에게 관개 농업을 발달시켰다고 하는데 이에르베엘아구아는 멕시코의 관개농업과 관련된 대표적 유적이라고 한다. 마야인들이 이곳을 신성시했다는 것은 단순히 병을 고친다든가 폭포 자체가 신비한 존재로 여겨졌다든가 하는 것만이 아니라 그들의 농업생산에서도 매우 중요한 역할을 했기 때문일 것이다.

멕시코의 영욕을 지켜 본 툴레의 나무

하나의 생명이 수천 년을 지속한다는 것은 무슨 의미가 있을까? 우리는 동구 밖 마을 어귀에 있는 수백 년 묵은 느티나무에도 사람이 함부로 범접할 수 없는 신성성을 부여한다. 백 년이라는 시간도 채우기 힘든 사람들이 수백 년의 세월을 살아 있다는 것 자체를 이해하기 어렵기 때문일까?

미국 캘리포니아의 세쿼이아 국립공원이나 요세미티 국립공원에는 2천 년에서 3천 년에 이르는 생명을 살아온 거대한 나무들이 있다. 그 나무들은 깊은 산속에 있어서 그들이 사람들의 삶과 함께 어우러져 살아온 것은 아니다. 그래서 사람들은 그 오랜 생명체를 보고 신비한 생각이 들기는 하지만 어떤 신성한 기운 같은 것을 느끼기는 쉽지 않다.

그러나 수천 년 살아온 나무가 마을 안에서 사람들과 함께 숨 쉬고 살아왔다는 것은 깊은 산속에서 사람들과 떨어져 살아온 것과는 그 의미가 사뭇 다르다. 마을 사람들은 할아버지의 할아버지가 살아 있을 때 전해온 나무의

툴레의 나무 밑에 서서 밑동부터 머리 위까지 올려다보면 거대하다는 말도 부족함을 실감할 수 있다.
나무 밑동의 지름은 14미터나 된다.

나무의 영역은 아스텍인에게 신성한 곳이었다. 그러나 그곳도 스페인 사람들의 교회가 차지하고 말았다.

이야기를 손자의 손자에게도 전해 왔다.

마을에 무슨 큰일이 일어나면 나무에게 먼저 고해야 했다. 오랜 세월을 그들의 조상 때부터 살아온 나무이기 때문에 그들을 보호해주리라고 생각했기 때문일 것이다. 마을 어귀나 마을 안에 있는 나이 많은 큰 나무들은 그래서 마을 사람들의 신이 되었다. 그리고 나무가 서 있는 곳은 신성한 지역이 되었다. 사람들의 나무에 대한 신앙은 세계 곳곳에서 찾아볼 수 있다. 한국 사람들의 조상인 단군이 신단수 아래에 나라를 세웠다는 것도 그런 나무 신앙에서 나온 것이다.

이곳 멕시코 오아하카 중심부에서 동쪽으로 약 10킬로미터 떨어진 산타마리아델툴레 마을에는 몬테주마 사이프러스 종류에 속하는 엄청난 크기의 나무가 있다. 나무는 세계에서 가장 크다고 하며 마을 한복판에 있다. 그래서 그 의미는 산 속의 나무와는 사뭇 다르게 다가온다. 이곳 사람들은 이 나무를 그냥 툴레 나무라 부른다.

나무의 나이에 대해서는 어떤 사람은 2천 살이라고 하고 또 어떤 사람은 6천 살이라고 하기도 한다. 과학자들은 천사백 년에서 천육백 년이라고 하는데 이 나잇값은 나무에 얽혀 있는 전설과 부합하여 신빙성 있게 들린다. 이 마을에 사는 사포텍 족들은 이 나무가 약 천사백 년 전에 페초차라는 사람이 심었다고 말한다. 페초차는 바람의 신을 모시던 사제였는데 아스텍인들은 페초차를 그들의 종교 지도자로 섬겼다고 한다.

천사백 년인들 짧은 세월인가? 나무는 스페인 사람들이 쳐들어온 것도 보고 그때까지 나무를 신으로 모시고 나무의 영역을 신의 영역으로 받들던 아스텍인이 내몰리는 것도 보았다. 또 그 자리에 유럽 사람들의 신을 모시는 교회를 세우는 것도 보고 멕시코가 스페인과 독립투쟁 끝에 독립을 쟁취하는 것도 보았다. 마을 사람들은 이렇게 독립을 쟁취할 수 있었던 것도 나무의 덕이라고 믿었을 것이다.

마을 사람들이 이 나무 이름을 생명의 나무라고 부른 것은 이처럼 힘든 고난의 역사와 또 영광의 역사를 생생하게 지켜보고 살아온 것을 생각하면 당연하다 할 것이다. 2005년에 잰 나무의 몸통 둘레는 42미터, 지름은 14미터였다. 1982년에 잰 나무의 지름이 11.4미터였다고 하니 23년 동안 지름이 3미터가량 커졌음을 알 수 있다. 적어도 천 수백 년 또는 2천 년인지도 알 수

없는 엄청난 세월을 살아왔으면서도 아직도 왕성하게 자라고 있다는 것은 놀
랄만한 일이다. 이 나무가 앞으로도 천 년을 더 살 것이라고 생각되는 이유다.
그런데 천 년을 더 산다는 것은 나무가 생명을 유지하기에 적합한 환경이 유
지될 경우에 한 해서다. 1990년 이후 나무는 공기의 오염과 물 부족으로 인해
서서히 죽어가고 있다고 한다. 나무 근처를 지나는 고속도로에는 매일 8천 대
가 넘는 차량들이 지나다니고 그들이 뿜어내는 매연이 공기를 더럽히고 있다.

나무가 땅 속에서 물을 빨아들이고 공기 중에서 숨 쉬는데 지장이 없어야
앞으로 백 년이든 천 년이든 살 수 있을 것이다. 나무가 제 수명을 다하지 못
할 지경이면 사람이야 더 말할 것이 있겠는가?

5

신들의 도시와 죽은 자들의 쉼터

몬테알반과 미틀라

신들의 도시, 몬테 알반(Monte Albán)

몬테알반에서 몬테는 산이란 뜻이니 몬테알반은 알반산이란 말이다. 몬테알
반의 산 위에는 커다란 도시 유적이 있다. 산 정상을 편평하게 깎아내어 넓은
광장을 만들고 그 주변에 십여 개의 신전을 포함해서 행정을 위한 건축물이
나 주거용 건축물들을 지어 도시를 만든 것이다. 이를 몬테알반 유적이라 한
다. 유적의 높은 곳에 올라서서 아래의 광장을 내려다 보면 광장은 마치 산
위의 거대한 경기장 같다.

맨 땅으로 되어 있는 넓은 광장 한복판에는 몇 개의 건축물이 있고 그 주
변에 전개되는 광장은 마치 여러 종목의 필드 경기장을 모아 놓은 듯하다. 그
리고 광장에는 스탠드까지 갖추고 있다. 어렸을 때 보았던 영화 벤허의 마차
경기장 같은 느낌이랄까. 물론 이 스탠드는 관람석이 아니라 신전으로 올라가
는 계단이다.

사포텍 족이 이 산의 정상을 평탄하게 깎아낸 것이 기원전 500년 경이라
고 하니 그들의 토목기술은 가히 신기에 가까웠을 것으로 보인다. 아니, 기술
보다도 더 한 것은 2500년 전에 산 봉우리를 깎아 새로운 도시를 만들겠다는
아이디어가 더 위대하다 해야하지 않을까?

신전들은 모두 서로 다른 신을 위한 것이었다고 하니 이곳은 신들의 집합

멀리 오아하카 시내가
보인다. 몬테 알반에서
보는 오아하카는
생각보다 엄청 크다.

소이기도 하다. 만든 사람들이 하나의 공동체를 구성하였다면 하나의 신전에 여러 신을 모셨을 법도 한데 각각의 신을 위해 각각의 거대 신전을 만들었다는 것은 몬테알반이 사람이 살기 위한 곳이라기 보다 신들을 위한 도시가 아니었을까 생각되기도 한다.

정상에 서서 사방을 돌아보면 사방 모두 급경사를 이룬다. 눈에 들어오는 아래쪽으로는 넓은 도시와 농사 짓는 평야로 이루어져 있다. 몬테알반은 해발 1940미터이고 산 밑의 평지에서 수직 고도로 400미터나 올라와야 하니 군사적으로도 천혜의 요새인 셈이다. 넓은 평야의 한복판에 우뚝 서 있으니 먼 옛날부터 신성하게 여겨져 왔을 것이다.

대체로 평지 한 가운데 우뚝선 산 치고 신성하지 않은 곳이 드물다. 몬테알반을 돌아보면서 나는 가본 적도 없는 아테네의 아크로폴리스를 떠올렸다. 아테네 시의 중심에 우뚝선 언덕 위에서 시가지를 굽어보고 있는 파르테논 신전처럼 몬테알반의 신전 터에서 보는 오아하카 시내가 세속의 먼지 속에 뿌옇게 잠겨 있었다. 하긴 서울의 남산도 마찬가지다. 넓은 도시를 한 눈에 조망할 수 있는 남산 위에도 나라를 위해 제사를 지내던 국사당이 있었음은 도시 중심의 산이 신성한 존재로 숭배되어 왔음을 말해주는 것이다.

멕시코의 고대 도시에서 자주 볼 수 있는 구기장 유적은 공놀이 하는 축구장이 아니다. 두 편으로 나누어 진행되는 경기에서 진 팀은 신에게 산 채로 바쳐지는 제물이 된다. 그들은 태양을 위해 그들의 심장을 바쳐야만 했다. 멕시코의 태양은 왜 인간의 심장을 요구했는지 도대체 알 수가 없다. 태양은 생명을 상징하는 존재이고, 그래서 사람들은 태양을 신으로까지 모셔 왔는데 태양은 그런 사람들에게 그들의 심장을 내놓으라고 했다니. 태양도 곳에 따라 사람을 대하는 것이 많이도 달랐던 듯하다.

경기에서 이긴 팀이 태양에 몸을 바치는 희생물이 된다는 설도 있다. 그렇다면 경기를 태만하게 운영하여 지면 될 일인데, 경기에 임하는 사람들은 자신이 태양에게 인신공양을 할 수 있다는 것을 영광으로 알았기 때문에 승리를 위해 필사적이었다고 한다.

지금 내 머리로는 도무지 이해할 수 없는 일이지만 종교가 가지고 있는 내가 알 수 없는 측면에서는 불가능한 것은 아니었을 것이다. 몬테알반에는 모두 다섯 개의 경기장이 있었다고 하니 십수 명의 신들에게 바칠 공양물을 마

신성한 산 몬테알반에서 날개를 편 새 한 마리가 산 아래 세속의 땅을 굽어 본다.

정비 공사가 한창인 구기 경기장. 양쪽의 계단은 사람이 앉을 만큼 여유가 없다. 계단을 포함한 전체가 경기장이다.

런하기 위해서는 많은 경기장이 있었어야 했을 것이다.

벽에 새긴 역사

몬테알반에서 특별히 관심을 끈 것은 중앙 건물 벽에 삽입되어 있는 기록물들이다. 기록물은 그림 문자를 새긴 석판으로 모두 40개가 넘는다고 한다. 내용을 알 수는 없지만 사포텍 족이 정복한 지역의 지명들이 많다는 주장도 있다. 그래서 이 석판을 '정복석판(conquest slabs)'이라고 부르기도 한다. 이처럼 정복지를 비석에 새기는 경우는 고구려의 광개토왕비 같은 경우와 비교할 수 있겠다. 정복지에 대한 기록은 당시의 통치자에게는 통치자로서의 권위를 인정받거나 대외적인 위세를 내세우는데 매우 효과적이었을 것이다.

광장 북쪽의 건물 안에 있는 15번 기념비는 그림문자의 기념비로 완형을 가진 대표적 유물이다. 기원전 600~800년 사이에 세워졌다는 이 기념비에는 하나의 사건을 묘사한 그림과 두 개의 짧은 문장 그리고 달력과 관련된 단어와 지배 귀족들의 이름이 확인되고 있다.

또 하나 흥미로운 것은 특이한 자세를 취하고 있는 사람들을 새긴 것들이다. 이 석판들은 19세기까지 춤추는 인물들로 알려져 있었으나 최근에는 전쟁 포로나 점령지의 지도자들로 해석되는 경우가 많다고 한다. 인물상들은 성기가 절단된 남성이 많은데 대부분 신에게 희생물로 바쳐진 사람들이었을 것으로 추정되고 있다. 성기를 절단하여 신에게 바친다는 것은 매우 흥미롭다.

중앙 광장의 건물 외벽에 있는 문자가 새겨진 석판들

광장 북쪽의 건물 안에 있는 15번 기념비

성기가 잘려진 인물상

성기가 상징하는 생산성을 빼앗은 후 신에게 바친 것인가?

기념비의 종류 중에는 동양의 비석처럼 넓적한 판석을 마당에 높직이 세워 놓은 것도 있다. 18번의 번호가 붙은 높은 석비는 수십 개의 조각으로 깨진 것을 한데 모아 복원한 것인데 상단부는 복원되지 못했다. 이것은 해시계라고 보고 있으며 하단부 측면에 달력으로 추정되는 도형이 새겨져 있다.

중남미 문화에 무지했던 것을 새삼 깨닫게 해 준 것이 마야의 글자였다. 나는 잉카와 함께 마야도 당연히 문자가 없었다는 막연한 생각을 가지고 있었다. 여기서 만난 마야의 문자들은 내가 문자에 대해 얼마나 큰 선입견을 가지고 있는가를 깨닫게 해주었다. 이들은 그림 문자였으면서도 어떤 경우 음가를 가지고 있어서 소리로 읽을 수도 있었다고 하니 놀라지 않을 수 없다.

오아하카 시의 확장으로 인해 몬테알반은 점차 본래의 환경을 지키기 어려울 것으로 보인다. 턱밑까지 들어온 도시 외곽의 열악한 환경이 유적을 피폐하게 만들고 세계 곳곳에서 끊임없이 찾아오는 관광객들을 실어 나르는 자동차의 배기가스도 심각한 수준이다. 멀리 보이는 오아하카 시가 스모그에 희미하게 보인다.

유적들은 끊임없이 보수 정비가 계속되고 있지만 유적의 대부분은 제한받지 않고 오르내릴 수 있다. 규모가 크고 어느 정도 원상이 잘 남아 있는 유적은 정비도 잘 되고 보존에 대해 많은 신경을 쓰는 것 같다. 그러나 땅 속에 묻힌 채 일부의 유구들만 땅 위에 드러나 있어 관광객들의 구둣발길에 채이는 유적들도 상당수 있는 것으로 보인다.

수백 년 유럽인들의 침략과 독립 이후의 험난한 근현대를 견디면서 지금까지 이만큼이라도 보존된 것은 행운일지도 모른다. 이러한 유적지를 돌아보면서 위대한 과거가 남긴 유적이 달러를 벌어들이는 상품으로 전락되고 있다는 걱정을 자주 하게 된다. 기우였으면 좋겠다.

죽은 자들의 세계 미틀라(Mitla)

몬테알반 유적과 함께 오아하카에서 중요한 고고학 유적으로 꼽히는 곳은 미틀라 유적이다. 몬테알반이 오아하카 시에 인접한 사포텍 사회의 정치적 중심

해시계의 기능을 한다는 깨진 판석비

오아하카 시내가 내려다
보이는 유적의 한쪽에서
책을 읽는 어린이가
여유롭다.

지라고 한다면 미틀라는 오아하카 시에서 약 40킬로미터나 떨어져 있는 종교
적 중심지라고 할 수 있다. 이곳에는 기원전 900년 경부터 사람들이 거주했
다고 한다.

사포텍 사람들은 이곳을 정신적 의지처로 삼아 왔으며 이 일대에 약 50만
명이나 되는 많은 인구가 거주하고 있었다고 하니 이 지역이 가지고 있는 경제
적 생산력도 대단했었을 것이다. 또한 이렇게 큰 규모의 사회는 건축기술이나
문자체계를 가지고 있었음은 물론 매우 발달된 농업기술 등을 기반으로 발전
해 왔음을 의심할 수 없다.

미틀라는 '죽은 사람이 사는 곳'이나 '땅 속의 세계' 또는 '쉼터'를 뜻하
는 말이라고 한다. 말뜻으로 보아 미틀라는 무덤이다. 이 지역의 주민들은 사
람이 태어나서 죽을 때까지 한 생애를 보내면서 맞게 되는 가장 중요한 사건
이 죽음이라고 믿는다고 한다. 그런 관점에서 보면 무덤은 삶에서 죽음으로
가는 경계 지점에 있는 일종의 관문인 셈이다.

귀족들은 죽은 후 미틀라의 무덤 즉 삶의 세계와 죽음의 세계 사이에 머
물면서 저 아래 땅 위에 사는 사람들을 중재하는 역할을 할 운명을 가졌다고
믿었다. 그들은 '구름의 사람들'이라고 불렸다. 구름이 하늘과 땅 사이에 있
는 중간세계라고 생각했던 것이다. 권력자들의 무덤 미틀라에는 대제사장이
거주하고 있었는데 이곳에 들어온 스페인 사람들은 그 제사장을 가톨릭 교

성채처럼 보이는 미틀라 유적

격자무늬, 소용돌이무늬, 톱날무늬, 계단무늬 등 다양한 형태의 기하학적 무늬가 연속적으로 이어지는
벽면 장식은 다른 유적에서 볼 수 없는 특이한 건물 외관을 보여준다.

회의 교황 같은 존재로 인식했다.

지금 미틀라 유적을 돌아보면 우선 정교한 건축술에 놀라지 않을 수 없고 건물의 벽체를 가득 채운 수많은 기하학적 패턴으로 구성된 장식무늬들도 대단히 뛰어나다. 벽에는 돌을 잘라 만든 기하학적 무늬 외에 회칠을 하고 그 위에 붉은 안료를 이용한 프레스코 기법의 벽화도 많이 남아 있다.

나는 이미 테오티우아칸 유적에서 붉은색이나 초록색 노란색 등으로 그린 벽화들을 보았다. 멕시코의 고대문명에서 이러한 벽화들이 남아서 당시 사람들의 정신세계를 구체적으로 보여주고 있다는 점에서 이들은 매우 소중한 역사문화적 자산이라 할 것이다. 벽화들은 오랫동안 방치되어 지금은 상태가 매우 나빠져 있어 안타깝기 짝이 없다. 그러나 스페인이 이곳에 들어온 후 300년간 수없이 많은 멕시코인들의 정신적 중심지에 서양인들의 신전을 세우고 원주민들의 신전을 헐어냈던 것을 생각해보면 이만큼이라도 남아 있는 것이 기적일 수도 있다는 생각이 들었다.

유적으로 들어오는 입구 한쪽, 여기에도 어김없이 가톨릭 성당이 들어서 있었다. 산 파블로라는 이름의 이 성당은 이곳에 살던 사포텍 사람들의 신단 위에 세운 것이다. 사포텍 사람들은 이곳에 지하세계의 영주와 여인이 살고 있었다고 믿었다. 스페인의 통치자들은 지하세계의 영주를 악마로 생각했고

유적 입구의 산파블로 성당

그 악마가 탈출해서 자신들을 해칠 것을 두려워해서 신단 위에 교회를 세웠다는 것이다. 침략자들은 그 땅의 원주민들을 지켜오던 종교적 존재들을 모두 악마로 여겼던 것 같다.

성당과 주변에는 사포텍 유적들을 포함하여 흥미로운 벽화들이 있다는 것을 나중에 알게 되었으나 일정이 빠듯하여 돌아보지 못하였다. 교회의 뒤쪽을 통과하여 미틀라 유적의 중심으로 들어오면 궁전이라고 부르는 건물이 있다. 이 건물의 넓은 중앙계단을 오르면 여섯 개의 기둥이 도열한 넓은 공간이 나온다. '기둥의 방'이라고 부르는 곳이다. 궁전 건물의 북쪽과 동쪽으로 무덤으로 만든 건물들이 있으나 이것 저것 사진촬영으로 시간을 뺏겨 들어가 볼 여유가 없었다.

유적을 돌아보면서 느낀 것은 건물의 외벽을 꾸미고 있는 기하학적 장식이 매우 아름답다는 것이었다. 멕시코를 다 돌아본 뒤에 이곳의 사진을 다시 보니 이렇게 다양한 기하학적 무늬들로 구성된 장식을 다른 곳에서 보지 못했음을 깨달았다. 이 무늬들은 그린 것이 아니라 모두 하나 하나의 돌을 깎고 다듬어 짜 맞춘 것이다. 무늬에 맞게 돌을 자르고 깎아냈다는 것을 생각하면 얼마나 많은 사람들의 육체적 노동과 정신의 집중이 소요되었을까 감을 잡기 힘들다. 이것은 종교의 힘인가?

궁전을 들어서면 기둥의 방이라는 공간이 나온다.

궁전 안마당을 둘러싼 내부 회랑이다. 천장을 목조로 만들어 친근감이 드는데
벽에는 건물 외부처럼 기하학적 무늬로 가득채웠다.

궁전의 안마당은 네 면의 건물이 연결된 내부 공간으로 방형을 이루고 있다.
하늘이 마당 크기로 잘려 천장처럼 덮였다.

6

색깔 있는 도시

산크리스토발데라스카사스

긴, 너무나 긴 이름

멕시코에 관한 지리적 지식이 거의 없긴 하지만 산크리트토발데라스카사스 (San Christobal de las casas)는 멕시코에서 가장 긴 도시 이름이 아닌가 싶다. 이런 긴 도시 이름은 대수롭지 않은 여행기를 쓰는 것을 무척 힘들게 한다. 그래서 여기서는 그냥 산크리스토발이라고 쓰고자 한다.

독일의 대표적 도시 프랑크푸르트의 정식 이름은 프랑크푸르트암마인이다. 마인 강에 있는 프랑크푸르트란 뜻이다. 이처럼 유럽의 도시 이름은 같은 이름의 도시를 혼동하지 않기 위해 도시가 위치하는 강이나 또는 더 큰 지역의 명칭이 따라붙는다. 멕시코의 경우에는 도시 이름 뒤에 사람 이름이 붙은 경우가 많다. 과나후아토에 있는 산미구엘데아옌데 같은 경우가 그렇다. 뒤의 아옌데는 스페인과의 독립전쟁에서 큰 공을 세운 지역 영웅이다.

산크리스토발데라스까사스의 라스카사스 역시 바르톨로메 데 라스 까사스 (Bartolomé de las Casas)라는 사람 이름에서 온 것이다. 그는 15세기에서 16세기에 걸쳐 살았던 스페인의 수도사이자 사제였으며 역사가로 또 사회개혁가로 활동하였다. 그는 멕시코 치아파스의 주교가 되어 그 땅에서 본래부터 살아온 원주민들을 위해 평생을 바쳤고 스페인의 원주민 학살과 착취에 대해 많은 기록을 남기기도 하였다. 이러한 인물의 이름이 도시 이름에 들어가게 된 것은 이곳 치아파스 주가 멕시코의 역사에서 어떤 위치를 차지하였는가를 말해주는 것이기도 하다.

해방신학 그리고 EZLN

도시의 이름에서부터 이 지역이 식민주의자들에 대한 저항의 색채가 뚜렷하게 드러나지만 20세기에 들어와서 그러한 저항 기지로서의 위치는 더욱더 강고해졌다. 1960년대에 중남미를 휩쓴 해방신학의 물결 속에서 멕시코에서는 산크리스토발이 그 중심지가 되었다.

당시 이 지역의 주교였던 사무엘 루이스는 마리스트 계파의 성직자들과 모택동주의자의 인민연합 대표자들을 연합하여 원주민 권익을 위한 원주민

산크리스토발 언덕 위에서 본 시내 풍경

산크리스토발 대성당 앞 광장

의회를 만들었다. 이러한 활동의 결과 사파티스타 민족해방(EZLN)의 군대가 결성되기도 하였다. 이들은 1990년대 말 북미 자유무역협정(NAFTA)이 발효된 후 산크리스토발을 점령하고 이곳을 NAFTA에 대한 저항 기지로 삼았다. 사무엘 루이스는 이 같은 신자유주의에 대한 저항 운동의 업적을 인정 받아 유네스코가 주는 국제인권상을 받기도 했다.

이러한 역사의 영향인가? 대성당의 앞 광장에는 치아파스 정부에 대해 반인륜적 범죄에 대한 올바른 처리를 요구하는 집회가 열리고 있었다. 자세한 내용을 알 수는 없으나 광장 바닥에 깔아놓은 대자보의 단어 몇 개로 보아 사회주의 운동 지도자들 몇 명이 실종된 듯했다. 또 광장에 나온 사람들은 그들이 살아 있기를 바라고 주 정부에게 강력한 수사를 요구하는 것으로 보였다.

젊은 운동가들이 실종된 사회주의 운동 지도자의 구명 운동을 벌이고 있다.

마법의 도시에 마법이 없다

마법의 도시에 가면 어떤 마법을 볼 수 있을까 하고 기대하지 말자. 마법의 도
시는 마법사가 사는 곳이 아니기 때문이다. 마법의 도시란 관광객들이 마법
같은 경험을 할 수 있는 도시라는 뜻이다. 멕시코 중앙정부의 관광국에서는
지방 도시의 관광 활성화를 위해 그 지방 특유의 체험을 할 수 있는 도시를
마법의 도시라는 명칭으로 지정하고 경제적 지원을 하였다. 그래서 마법의 도
시 또는 마법의 마을에 가면 아름다운 경관이나 역사 문화적 체험, 민속, 그
지역 특유의 맛있는 음식 등을 체험할 수 있다고 한다. 산크리스토발은 이러
한 멕시코의 관광도시 중 가장 매력이 넘치는 곳으로 알려진 곳이다. 그래서

멕시코 중앙 정부로부터 최고의 마법 도시로 인정받았다고 한다.

이 도시에 와서 나의 눈에 가장 강렬하게 들어온 것은 선명한 색깔이었다. 나는 까사노볼롬이라는 박물관에서 옛 저택의 일부를 호스텔로 사용하는 곳에 숙소를 정했다. 카사노볼롬 박물관은 처음에는 신학교였으나 프란츠 볼롬이라는 고고학자와 사진가였던 게르트루데 두비 볼롬의 저택이었고 현재는 박물관과 호텔, 레스토랑으로 사용되고 있다.

그곳에서는 아침을 안마당에서 먹었는데 따뜻한 햇볕 아래 푸른 화초가 눈에 가득 들어왔다. 여기에 붉은색 기와지붕과 그 위를 덮은 푸른 하늘이 더해져 그대로 삼원색의 조화를 이루었다. 푸른 화초 사이를 노란색의 새들이 지저귀며 날고 있었다. 나는 아침마다 테이블 위의 음식 접시보다 그 색깔들의 조화에 눈을 빼앗겼다.

마당에서 만난 색깔은 골목길 양쪽에 원색으로 칠해진 담벼락에서도 볼 수 있고 모자이크로 산등성이를 덮고 있는 가난한 마을에서도 볼 수 있었다. 산크리스토발 교회가 있는 언덕에서 본 건너편 산마을의 색깔은 정신을 놓을 만큼 아름다웠다. 마을 길을 오가는 여성들의 옷차림 또한 그러한 배경색과 어떻게나 잘 어울리는지.

산크리스토발의 상징처럼 보이는 붉은색, 초록색, 검은색의 조화가 일부러 연출한 것처럼 보인다.

벽도 예술이고 그 옆을 지나는 사람도 예술이다.

이 도시는 자동차 길도 좁은 골목길이나 진배없다.

유독 산크리스토발의 거리에서 많이 만나게 되는
검은색 털 치마가 눈길을 끈다.

과달루페 성모상의 삼원색 치장

처음 찾아간 도시의 색의 유별남이란 참으로 엉뚱한 곳에서 만나기도 한다. 소칼로 광장의 뒷길을 걷다가 나는 너무 강렬한 색깔을 만났다. 그곳은 산토 도밍고 성당의 뒷길이었는데 성당 돔의 둥그스름한 지붕에 빨강과 노란색이 눈에 들어왔다. 자세히 보니 그 색깔은 지붕을 수리하기 위해 덮어 놓은 비닐이었다.

그런데 이 비닐의 색은 마치 돔이 지어진 처음부터 그렇게 있던 듯 자연스러웠고 도시의 골목에서 만나는 여느 집 담벼락에서 보는 오랜 시간의 퇴적처럼 보였다. 그때 그곳에 처음 간 내 눈에만 그렇게 보였을 테지만 그로 인해 이 도시가 선명한 색의 도시라는 느낌이 강하게 뇌리에 박히게 되었다.

나는 산크리스토발의 가장 인상적인 색깔을 성당 안에서 만났다. 그것은 도시의 중심 광장에 서 있는 대성당이 아니었다. 시의 동쪽 끝 언덕 위에 있는 과달루페 성당은 작고 특별한 장식도 없는, 시골 마을의 작은 성당 분위기가 풍기는 곳이었다. 그러나 안에 들어서서 느낀 그 야릇한 감정은 설명하기 어려운 뭔가가 있었다.

네온사인으로 둘러싸인 과달루페 성모상의 그림은 안쪽의 붉은 형광등으

보일락 말락 보이는 분홍색과 돔 위에 걸쳐진 노란색 비닐은 마치 성당이 처음 지어졌을 때부터 있던 것처럼 보였다.

로 인해 붉게 채색된 듯 보였다. 그리고 그 바깥의 푸른색과 초록색의 형광등과 성모상 위의 노란색 왕관까지 원색조의 네온 장식은 성당 내부를 매우 기이한 분위기로 만들어 주었다. 어느 면에서는 촌스러움이 보이기도 하고 또 어느 면에서는 그로테스크함까지 느끼게 해주는 이 성당의 분위기는 유럽 양식의 어떤 대규모 성당에서도 느낄 수 없는 멕시코적인 색채라고 생각되었다.

멕시코의 성당에서 볼 수 있는 성모는 유럽인들이 모시는 성모가 아니다. 과달루페 성모는 추운 겨울 멕시코 농부 앞에 나타나 장미꽃을 내려준 멕시코의 성모이며 그래서 피부 빛깔도 검은색의 멕시코 토착인의 피부색이다. 중앙제단의 옆으로 있는 작은 예배구역에는 성당이 지어진 초기에 제작되었다는 성모상 조각 작품이 있는데 이 역시 빨간색과 초록색의 휘장이 배경으로 쳐져 있고 성모는 농부 디에고 앞에 나타날 때 입었던 파란색 망토를 입고 있어서 빛의 삼원색을 제대로 구현하고 있었다.

성당의 뒷길에는 작은 기도소가 있었는데 거기도 과달루페 성모상 그림이 걸려 있고 몇 명의 젊은이가 촛불을 켜고 기도를 올리고 있었다. 이 도시의 무언가 형용하기 어려운 분위기가 그 작고 어두운 기도소 안에 서려 있었는데 그 분위기조차 이 도시가 가진 독특한 색깔의 하나인 듯했다.

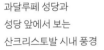

과달루페 성당과
성당 앞에서 보는
산크리스토발 시내 풍경

과달루페 성당의 외부 모습

과달루페 성당 안의 성모상

이 작은 기도소를 보면서 우리나라 사찰에 있는 칠성각을 떠올렸다. 이 가난한 여행객들은 옆의 크고 잘 지은 본당 건물보다 여기가 더 마음이 편할지도 모른다.

산 능선을 장식한 원색의 마을

길고 긴 계단을 올라 마주한 산크리스토발 교회는 이름값에 비해 초라하게 보였다. 올라가는 계단 양쪽의 울창한 숲이 오히려 더 인상적이었다. 또 언덕 아래의 마을에서 본 벽화는 요란한 원색을 피하고 빨강 파랑 노랑의 삼원색에서 한 계단씩 내려온 주황색 청록색 연두색의 부드럽고 따뜻한 조화를 이루고 있었는데 벽면 가득히 채워진 기이한 형태의 그림과 글씨들이 보는 이를 묘하게 끌어들였다. 미국의 몇 곳을 제외하면 세계 어디에서나 산 꼭대기는 가난한 사람들의 차지이다. 도시 중심은 어디나 가장 낮은 곳에 있다. 거기엔 오랜 세월 쌓여온 권위와 황금으로 치장된 성당이 있고 부자들만 갈 수 있는 식당도 있으며 부자들만 살 수 있는 저택도 있다. 가난한 사람들은 높은 곳으로 올라갈 수밖에 없고 그들이 갈 수 있는 성당도 높은 곳에 있기 마련이다. 멀리 건너편 산동네를 보면서 그들의 천국은 참으로 높고 높은 곳에 있다는 생각을 하게 되었다.

산크리스토발데라스카사스는 여러 가지 의미를 담은 색깔들로 이방의 방

산크리스토발 언덕으로 올라가는 길가 마을의 벽화

산크리스토발 언덕 밑 마을에서 만난 여성

어디나 가난한 사람들은 높은 데로 올라간다.
저 아름다운 원색의 집합체는 그곳을 천국처럼 보이게 한다.

문객을 설레게 했다. 그 색깔들은 멕시코의 역사를 말해주기도 하고 이곳 만의 독특한 저항정신을 보여주기도 했다. 하긴 색깔이란 다른 것과는 구별되는 독특한 성격을 말해주는 것이 아닌가?

7

더 이상 흐르지 않는 강

수미데로 협곡

3500만 년 걸려 만들어진 협곡

산 능선에 설치된 전망대에서 내려다본 수미데로(Sumidero) 협곡은 웅장했다. 거대한 치아파스 산지를 수직으로 깎아내듯 깊이깊이 파인 협곡 바닥을 흘러가는 그리할바 강이 마치 커다란 이구아나처럼 보였다. 조그맣게 보이는 유람선 한 척이 하얀 포말을 일으키며 달리고 있었으나 그것은 너무 멀리 있어서 무성영화의 한 장면처럼 느껴졌다. 협곡 안에 갇혀 정지된 물은 너무 평온해서 관광선이 일으키는 물결조차 없었다면 그냥 도화지에 칠해진 푸른색 물감의 띠 같았다.

관광용 유람선을 타는 선착장 앞의 그리할바 강은 이미 강이 아니었다. 그것은 흐르지 않는 강이었다. 흐르지 않는 강은 그냥 폭이 좁고 긴 호수에 불과했다. 배가 앞으로 나아갈수록 강의 폭은 점점 좁아지고 양쪽의 산은 마치 병풍을 쳐놓은 듯 시야를 가리고 있었다.

그렇게 치솟은 절벽의 높이가, 높은 곳은 1천 미터에 이른다고 했다. 저 산 위쪽을 흐르던 강이 수직으로 1천 미터를 깎아내는 데 대략 3500만 년이 걸렸다고 한다. 사람이 지구 상에 등장한 것이 기껏 수백만 년이라고 하니 몇 천

그리할바 강물이
호수가 되어 수미데로
산지를 휘감고 있다.

협곡을 가르며 달리는 보트의 흰 포말이 마치 거대한 새의 깃처럼 보인다.

협곡 위를 떠도는
독수리들

만 년이란 시간은 감조차 잡을 수 없는 긴 시간이다. 그냥 그러려니 할 뿐이다.

호수의 깊이는 130미터에 이른다고 하는데 물이 이처럼 흐르지 않는 것은 13킬로미터 아래에 있는 치코아센 댐 때문이다. 지금보다 130미터 밑에서 콸콸 쏟아져 내려가는 계곡물을 따라 걸으면서 까마득히 솟아있는 수직 절벽을 올려다보는 것을 상상해 보자. 물론 강가에 사는 악어나 원숭이들 등 야생동물과 여러 종류의 새들로 인해 계곡에 들어갈 수 없을지도 모른다. 그래도 댐이 지어지기 전의 자연 상태를 상상해 보는 것만으로도 짜릿한 쾌감을 느낄 수 있다. 호수로 변해버린 중국의 창장산샤(長江三峽)에서처럼.

뭐가 살아남고 뭐가 사라졌나?

배를 타고 호수가 된 강을 내려가면서 동물들은 멸종 위기종이라는 미국악어를 비롯해서 거미원숭이 등을 볼 수 있었고 하늘에는 독수리 종류로 보이는 맹금류도 보였다. 물 위에는 안동 집 앞에서 흔하게 보는 백로와 가마우지 종류 그리고 멕시코의 바닷가에서 흔하게 볼 수 있는 펠리컨들이 많았다. 이들은 댐이 없었을 때도 지금처럼 많이 있었는지 궁금하다. 이뿐 아니라 우리 눈에 들어오지 않는 물속의 생태계도 큰 변화를 겪었으리라. 아마도 뭔가는 살

미국악어

수많은 가마우지 떼가 호수에 날아다닌다. 이들의 식욕은 엄청나서
호수의 어류 생태계에 큰 영향을 미칠 것임에 틀림없다.

거미원숭이

흰 머리를 가진 독수리

새끼와 정다운 시간을 함께하는 엄마 펠리칸

수미데로 협곡의 명물인 거대한 이끼. 절벽 위에서
흘러내리고 오랜 세월 동안 덧씌워진 이끼가 바위 표면을
두껍게 덮고 있다.

아 남고 뭔가는 사라지고 뭔가는 새로 왔겠지.

　계곡의 흐르는 물에 사는 어류들은 사라지고 호수에서 서식하는 큰 물고
기들이 많아졌으리라는 것은 내가 살고 있는 안동의 경험을 통해서 충분히
상상할 수 있었다. 물속에 사는 어류의 종류에 변화가 왔다면 그 고기를 먹고
사는 조류들에게도 큰 변화가 왔을 것이다. 물속에서의 생태계 변화는 먹이
사슬의 구조를 바꿔놓게 되어 물 위의 생태계에도 큰 변화를 초래했을 것이
기 때문이다.

　협곡의 바로 옆에는 치아파스 주에서 가장 큰 도시인 툭스틀라구티에레스

수많은 쓰레기로 협곡을 오염시키고 있는 툭스틀라구티에레스 시

협곡 유람의 끝 지점인 치코아센 댐. 물 위에 띄운 드럼통은 이 곳 펠리컨들의 휴식처가 되었다. 멕시코 전력회사 로고인 CFE라는 글자가 보이고 그 위에 댐을 만드는 데 동원된 노동자들로 보이는 동상이 서 있다.

가 있다. 이 도시에서 배출되는 각종 쓰레기와 오물로 인해 협곡의 오염은 심각한 것으로 보였다. 더욱이 협곡의 상류에서 진행되는 벌목 사업은 한 해에 5천 톤의 폐기물을 배출한다고 하니 협곡의 오염 문제는 심각하지 않을 수 없을 것이다. 지금처럼 댐으로 막혀 호수로 변한 강임에랴, 말할 것이 있겠는가?

1974년에서 1980년 사이에 지어진 치코아센 댐은 높이가 261미터로 북미에서 가장 높은 댐이라고 한다. 이번 여행에서는 댐의 아래쪽으로 갈 수 없어 댐의 외관을 볼 수는 없었으나 안동댐의 높이가 83미터이니 얼마나 높은지 짐작할 수 있다. 멕시코 국영 전력회사(CFE)는 댐을 공사하면서 주민들에게 토지 구입비의 지불, 수도시설과 학교 및 보건소 등을 지어주겠다는 약속을 했으나 하나도 지켜지지 않았다고 한다.

거기에 더하여 CFE는 이 댐에서 100킬로미터 떨어진 곳에 두 번째 치코아센 댐을 건설했다. 강 유역에 사는 농민들은 크게 반발했다. 그들은 거세게 저항하고 야당과 합세하여 투쟁을 벌였다. 농민들은 단식투쟁까지 해가며 정부를 상대로 소송을 벌여 승소했으나 댐은 그에 상관없이 완공되었다고 한다.

협곡의 주변은 조상 대대로 살아온 나오아 족과 소케 족이 중심을 이루고 있는 전통적인 원주민 지역이다. 멕시코의 가난한 원주민들은 스페인 사람에 학살당하고 살던 땅에서 쫓겨나 겨우겨우 혈통을 유지해 왔다. 그런데 이제는 거대 자본에 밀려 또다시 삶의 터전에서 쫓겨나게 된 것이다.

색의 동굴 입구에서 굴 밖 세상을 향해 서 있는 과달루페 성모는 흐르지 않는 강을 다시 흐르게 할 수 있을까?

본래 강은 만든 사람도 없고 주인도 따로 없는 것인데 돈 있는 사람들은 그 강이 자기 것처럼 거대 구조물을 짓고 살던 사람을 내쫓는다. 내가 사는 안동에서도 그렇게 내몰린 사람들을 수 없이 볼 수 있으니 이게 남의 일처럼 보이지 않는다. 봉이 김선달은 세계 도처에 있는가 보다. 댐으로 인해 사라진 것 중에 가장 큰 것은 바로 주민의 삶의 터전이었다.

협곡은 석회암 지형으로, 양쪽 절벽에는 종유석 동굴이 많이 있다. 그중의 한 동굴은 벽의 다채로운 색깔들이 밑에서도 뚜렷이 보인다. 이 동굴은 그래서 색의 동굴이라는 이름이 붙었고 밖에서 잘 보이는 동굴 입구에 과달루페 성모상을 세웠다. 현지 주민들은 이 동굴을 신성시하고 기도를 올리고 있지만 성모가 이들의 생활을 안정되게 도와주거나 막힌 강을 다시 흐르게 해줄 것 같지는 않다.

주민들의 기도 소리가 들린다.

"성모님! 강을 다시 흐르게 해주소서!"

8

세례 요한의 마을
_____

차물라

이들에게 성 요한은 누구인가?

성당 안은 캄캄했다. 사진 촬영은 금지되어 있고 벽을 따라서 줄을 지어 이동해야 했다. 너무 어두워 발 밑을 잘 살펴야 했다. 가이드의 말에 따라 카메라를 백에 넣었다. 이 마을 사람들은 사진을 찍을 때 영혼을 빼앗긴다고 믿는다고 했다. 아니 지금 21세기에 들어온 지 벌써 20년이 다 되어가는 판에, 그것도 G20에 속한다는 멕시코에, 사진 찍으면 영혼을 뺏긴다고 믿는 사람들이 있다니.

성당 안은 의자가 없이 마룻바닥이었다. 바닥의 여기저기에는 솔잎이 수북이 깔려 있고 그 둘레에서 촛불들이 일렁거리고 있었다. 솔잎 가운데에서 나이 많은 여성들이 엎드려 기도를 드리는데 촛불이 타면서 나는 냄새가 코를 자극했다. 티베트의 사원에 들어갔을 때 맡았던 야크 기름 냄새가 떠올랐다. 기도하는 사람 옆에는 닭도 보였다. 산크리스토발의 과달루페 성당에서 닭털

산후안 성당과 성당 앞의 소나무 십자가. 양털 망토의 남자는 자치 경찰이다.

125

어린 풍물단원을 둘러싸고 빙글빙글 돌며 풍물을 연주하는 풍물패

뽑던 사람이 생각났다. 이들에게 닭은 신에게 바치는 중요한 제물이다.

조심스럽게 발걸음을 옮기고 있는 벽 옆으로 가톨릭 성자들의 동상들이 있었다. 성자들은 거울을 지니고 있었는데 이는 악령을 물리치기 위한 것이라 했다. 나는 중국의 후이저우에서 집집마다 대문에 거울이 매달려 있는 것을 본 적이 있었는데 그 거울들도 나쁜 기운을 물리치기 위한 것이었다. 거울이 가지고 있는 벽사적 의미가 태평양을 건너 지구의 반대편에서 그대로 나타나고 있는 것이 신기했다. 이런 모든 것들은 처음 경험하는 나로서는 괴기스러운 한편 신비스럽기도 하고 또 영적인 세계를 체험하고 있는 듯한 느낌이 들었다.

이 기이하고 신비스러운 의식들이 치러지고 있는 곳은 산후안 성당이다. 산후안은 요단강에서 예수에게 세례를 했다는 바로 그 성 요한이다. 성당 안의 모든 일들이 세례 요한과 대체 무슨 연결고리가 있는지 알 수 없었다. 아니, 기도를 올리는 저 사람들은 성 요한이 누구인지나 알고 있을까? 성당 안에서 벌어지고 있는 일들은 성당이 가지고 있는 의미들과는 아무런 관계도 없는 듯이 보였다. 원주민들에게는 이 성당이 요한을 위한 것인지 예수를 위한 것인지는 관심 없을 것이다. 다만 신성한 공간이라고 하니 조상 대대로 전해져 온 신앙 의식을 이 공간에서 행하고 있는 것 아니겠는가?

산후안차물라(San Juan Chamula), 산후안 성당이 있는 마을이다. 산후안 성당 때문에 마을 이름에 산후안이 붙었는지 아니면 마을 이름 때문에 성당 이름이 지어졌는지는 알 수 없었다. 성당의 정문 위에는 아치형 창문이 있고 창문에는 요한이 예수에게 세례를 주는 그림이 기념사진처럼 붙어 있었다.

마을에 들어갔을 때 마을에는 축제가 벌어지고 있었다. 그러나 유감스럽게도 우리의 친절한 가이드는 카메라를 축제 행렬 쪽으로 향하지 못하도록 주의를 주었다. 세상에, 사진 못찍는 축제도 있다는 것을 나는 처음 알았다. 그러나 아무도 그의 말을 무시할 수 없을 만큼의 긴장감이 햇볕 가득한 광장에 서려 있었다. 행렬이 지나는 여기저기에 검은 양털 망토를 입은 남자들이 보였다. 그들은 이곳의 자치 경찰이라고 했다.

이 마을은 멕시코의 대표적 반정부 세력인 사파티스타 반군의 중심지 중하나다. 사파티스타 반군이 장악하고 있는 치아파스 주 중에서도 토착 초칠족의 비중이 큰 곳이다. 전통문화와 전통적 관습에 의거한 법이 멕시코 정부

성당 앞에서 풍물을 준비중인 풍물패의 한 사람

길가에서 환담하는 남성들의 옷에서
강렬한 전통의 색깔을 볼 수 있다.

의 법에 우선한다고 했다. 그래서 멕시코 경찰이 아닌 경찰이 마을의 질서를
통제하고 있었다.

수백년의 식민지배도 뺏지 못한 원주민의 마음

성당 앞 광장에는 소나무 한 그루가 마치 좌대 위에 올라 선 부처처럼 타일로
만든 삼단의 단 위에 심겨 있었고 그 나무줄기에 성당을 향해서 십자가가 묶
여 있었다. 소나무는 십자가의 광배같이 보이기도 하고 또 어떻게 보면 십자
가가 소나무에 안겨 있는 듯이 보이기도 했다. 소나무가 신성한 존재라는 것
이 실감 났다. 십자가가 토착인의 신앙의 대상인 소나무에 의지해 있다니.

십자가 앞 광장에서 한 떼의 사람들이 모여 악기를 연주하고 있었다. 악대
의 중심에는 아코디언과 기타가 있었고 나머지는 장구처럼 생긴 북을 멘 사
람들이었다. 무리 중에는 아이들도 여럿 섞여 있었는데 이들은 원형으로 돌
아가면서 악기를 연주했다.

　풍물패는 모두 검은색 웃옷과 주황색 바지 그리고 흰색 각반을 착용했다.
그리고 머리에는 검은색 양털 모자와 그 위로 빨간색과 초록색의 기다란 띠
천으로 고깔을 만들어 쓰고 있었다. 빙빙 돌며 악기를 연주하는 모습이 마치
우리 풍물패가 상모를 돌리고 꽹과리를 치면서 노는 것과 흡사했다. 이곳의 풍
물패나 우리의 그것이나 신에게 안녕과 풍요를 비는 것은 마찬가지일 것이다.

　이곳이 사파티스타 반군의 중심지이고 멕시코 원주민들의 민족주의적 색
채가 상상할 수 없을 만큼 강렬하다는 것을 눈앞에서 확인하면서 참으로 많
은 것을 생각할 수 있었다. 가장 내 머릿속에 강하게 들어온 것은 제국주의의
식민지 침략과 종교, 그리고 토착문화와의 관계였다. 그것들은 이곳 차물라
마을에서 기묘한 앙상블로 조합되었다. 스페인 사람들은 이곳에 들어와 토착
민들에게서 땅을 빼앗고 그들의 신을 모시는 성당을 지었다. 이 땅에는 난데
없이 생판 알지도 못하는 성 요한의 이름까지 붙었다.

　그러나 이곳에서 수천 년을 이어 살아오던 사람들은 새로 지어진 성당에
서 그들의 먼 조상부터 지켜오던 종교의식을 계속하고 있었다. 그들에게 성
요한이라는 이름은 아무 의미도 없을 것이다. 이렇게 대서양 건너온 침략자들

보라색 가디건과 댕기를 함께 땋은
갈래머리로 단장한 차물라의 여성

길을 지나는 사람들. 검은색 양털 치마와 보라색과 파란색의 상의가 이들의 정체성을 대변해준다.

에게 땅을 빼앗기고 많은 사람들이 희생되었지만 그들은 아랑곳없이 그들의 조상부터 내려온 역사와 신앙을 지켜나가고 있다. 어찌 존경심이 우러나지 않을 수 있겠는가?

예수도 마리아도 피하지 못한 차물라의 색깔

마을 사람들이 입은 옷을 보면 멕시코의 다른 곳에서와 같은 요란한 원색의 향연은 찾아볼 수 없다. 원색조를 벗어났다는 것은 아니지만 이들의 옷에서 보는 색은 파란색과 초록색, 붉은색과 보라색, 그리고 검은색이 거의 대부분이라고 할 수 있다. 차물라 마을에 오기 전 잠깐 들린 시나간탄 마을에서 토르티야를 굽는 여성의 파란색과 보라색이 어울린 복장이 매우 인상적이었다.

시나간탄에서는 길가 그늘에서 쉬는 남성들의 옷에서도 붉은색과 보라색의 화려한 꽃무늬를 볼 수 있었다. 이러한 의상은 산크리스토발에서도 보았으나 차물라와 시나간탄에서는 특별히 강렬하였다. 그 꽃무늬는 풍물패들의 붉은색과 주황색 바지 그리고 여성들의 양털 치마와 남성들의 양털 망토의 검은색과 함께 초칠 족의 상징적 색깔로 머릿속에 들어왔다.

마을 안의 직물 짜는 집에 들어갔을 때 인상적인 것은 베틀 위에서 직물을 짜는 사람보다 그 위에 있는 동물 모형과 옥수수 같은 성물들이었다. 옥수수는 흰색, 보라색, 노란색, 검은색의 네 가지 색으로 십자형으로 놓였는데 그들의 옷 색깔과 조화를 이루고 있었다.

그 옆에는 조그만 예수상과 성모상이 서 있고 그 앞에도 조그만 예수상과 성모상의 액자그림이 있었다. 그런데 내가 이들에 관심을 가진 것은 의상이었다. 예수와 마리아 모두 분홍과 보라색의 꽃무늬와 푸른색 잎으로 꾸며진 옷을 입고 있었다. 이곳에서는 예수도 마리아도 초칠의 전통문화 속에서만 존재할 수 있음을 보여주는 메시지로 읽혔다.

차물라 마을의 전통의상을 입고 있는 예수상과 마리아상

9

파칼의 도시
_____

팔렝케 유적

사닐 강의 아름다운 풍경

아구아아술 폭포의 뒷면에서 본 풍경이다. 폭포의 뒤쪽은 동굴은 아니지만
움푹 들어가 있어서 떨어지는 물줄기를 뒤쪽에서 볼 수 있다.

아구아아술 폭포를 즐기는 여행객들

폭포 밑에서 젊은이들이 물맞기 놀이에 빠졌다.

폭포 주위에는 언제나 습기로 차 있어서
이끼로 덮여 있고 그 사이에 예쁜 꽃들이 자란다.

고 하니 새로 발견된 대륙의 역사와 문화유적에 대한 유럽인들의 관심이 엄청 났음을 알 수 있다. 유적의 사진 촬영도 이미 1858년에 이루어졌다 하고, 많은 조각 작품들에 대한 도면과 석고를 사용한 복제 작업도 19세기 말에 이루어졌다고 하니 놀라지 않을 수 없다.

그러나 고고학적 방법을 통해서 유적을 본격적으로 조사한 사람은 알베르토 루스 루이예르(Alberto Ruz Lhuillier)라고 한다. 팔렝케 유적으로 들어가서 바로 볼 수 있는 길가 풀밭의 루이예르 묘는 매우 인상적이다. 나는 그 사람에 대해서 잘 알지 못했지만 한눈에 이 묘의 주인이 유적을 조사한 고고학자임을 알 수 있었다. 그것은 묘의 형태가 멀리 보이는 고대 석조 건축물과 닮았기 때문이다. 당연하게도 묘에 새겨진 이름 위에 고고학자라는 표기가 붙어 있었다.

그는 비문의 사원으로 이름을 붙인 피라미드에서 팔렝케 고대 도시를 건설한 파칼 왕의 무덤을 발견하였다. 루이예르는 이 왕묘를 발견하고 조사함으로써 죽어서도 자신이 조사한 유적을 떠나지 못하는 영원한 팔렝케 사람이 되었다.

루이예르가 조사한 파칼 왕묘의 피라미드를 비문의 사원이라 부른다. 그것은 피라미드의 석실 안에 당시의 역사를 기록한 석판이 있기 때문이다. 석판 기록 중 가장 중요한 것은 파칼 왕의 석관에 덮인 뚜껑이다. 이 뚜껑의 기

파칼 왕의 무덤이 있는 비문의 사원을 처음 조사한 루이예르의 무덤

비문의 사원 피라미드
위에 있는 석실의 벽과
천장. 파칼 왕의 석실은
여기서 다시 피라미드
속의 계단을 통하여
밑으로 내려가야 한다.

록은 물론 마야의 그림문자로 된 것인데 한 때는 해독이 되지 못해서 우주인
과 연관된 그림으로 해석되기도 하였다. 페루의 나스카 지상 회화도 우주인의
작품으로 해석되고 있으니 불가사의한 고대 유적을 보는 사람들에게 우주인
은 얼마나 고마운 존재인가?

비문의 피라미드는 아홉 단계의 석축으로 구성되었고 중앙에는 69개의 계
단이 있어 위의 건물로 올라갈 수 있다. 69개의 계단은 파칼의 나이를 나타낸
다고 하며 9단의 석축은 죽은 뒤 사후의 세계로 가기 위해 통과해야 하는 아
홉 단계의 지옥을 의미한다고 한다.

그리고 파칼의 무덤은 위의 석조건물 안에서 다시 밑으로 통하는 비밀 계
단을 내려가야 한다. 이러한 건물 구조를 보면서 파칼의 장례식을 상상해본
다. 광장에 모인 사람들에게 파칼의 시신을 높이 들고 저 높은 계단을 오르는
장례행렬이 얼마나 장엄하고 화려했겠는가?

왕의 무덤은 피라미드 아래쪽에 만들어졌고 위에는 순장당한 신하들의
묘로 가려져 있어서 루이예르가 발견하기 전까지는 아무도 알 수 없었다고
한다. 루이예르가 피라미드 위에서 밑으로 내려가는 비밀 계단을 발견하고
지하의 묘실에 누워있는 파칼 왕을 보았을 때 파칼 왕은 얼굴에 푸른 옥의 마
스크를 쓰고 역시 푸른색의 옥으로 만든 여러 겹의 목걸이가 가슴을 덮고 있
었다. 그는 죽어서 옥수수의 신으로 숭배받았다고 한다.

나무 뒤에 보이는 계단과 건축물들이 파칼 왕의 무덤이 있는 비문의 사원이다.

서쪽 광장에서 본 왕궁 유적

돌 위에 누워 있는 파칼을 본 순간 루이예르의 가슴은 얼마나 뛰었을까? 이 글을 쓰면서 무녕왕릉의 현실을 막은 돌벽을 허물고 현실 안을 놀란 눈으로 들여다보았을 김원룡이 생각났다. 고고학자가 발굴 현장에서 느끼는 이러한 순간의 기억은 그 옆에 있던 사람도 잘 알기 어려운 신비한 데가 있다. 죽어서도 자신이 발굴한 파칼 왕의 유적을 바라보고 있는 루이예르는 진정 행복한 고고학자라는 생각이 들었다.

폐허에서 다시 건설된 왕궁

팔렝케 유적에서 가장 뚜렷한 랜드마크는 왕궁이라는 이름의 유적에 있는 높은 망루형 건물이다. 이 고층 건물은 전체가 4개의 층으로 되어 있다. 이것은 망루인가? 아니면 높은 곳에 올라 천문을 본 것인가? 알 수 없다. 이 높은 타워는 유적의 어느 곳에서도 보이는 상징적 랜드마크이다.

광장에서 올려다 본 정면 다섯 칸의 기다란 석조건물과 그 뒤로 우뚝 선 망루는 누가 보아도 여기가 이 왕국의 지도자가 거처하는 곳임을 직감하게 한다. 있다. 왕궁 아래의 광장에서는 중요한 제사 기간에 거창한 축제라도 벌어졌을까? 아니면 엄숙한 종교적 제의나 왕의 즉위식이 거행되었을지도 알 수

망루를 둘러싼
왕궁 내부의 건물들

왕궁 내부의 한 건물 기둥에 역사적 기록으로 보이는 부조가 가득 새겨져 있다.
왕궁의 주인공인 파칼이 왕위에 오른 것이 열두 살 때였다고 하니 사진 속의 소년
정도였을 것이다.

포로의 안뜰에 있는 인물 부조상

없다.

이 엄청난 규모의 석조 건축물들을 건설한 사람은 파칼 왕이다. 파칼이 왕궁을 건설하기 이전 팔렝케 왕국은 이웃 나라의 침공을 받아 왕족들도 모두 살해되고 왕궁도 폐허가 되었다고 한다. 파칼이 폐허 위에 다시 왕궁을 세운 것은 나라가 망한 지 40년이 지나서였다.

그가 왕이 된 것은 열두 살 때였다고 하는데 그는 자신이 왕족임을 입증해야 한 것은 물론 왕권을 확립해야 하는 어려움을 이겨내야 했을 것으로 추정된다. 652년에 왕궁을 짓기 시작하여 힘든 토목공사를 완성하는 과정에서 그는 백성들을 하나로 묶어 스스로 정통성을 부여받은 왕으로서의 권위를 확립하였다고 전한다. 이러한 내용은 왕묘에 있는 비석으로 알 수 있다고 한다.

왕궁의 구조 또한 지상과 지하로 나뉜다. 이는 지하에 신성한 공간을 따로 만들어 지옥을 상징하고 지상은 현세를 의미하며 또 하늘로 오르는 천상의 세계를 상징하는 각각의 공간을 만들었다는 것이다. 이는 우주의 구조를 압축한 것으로 볼 수도 있는데 4층의 타워는 하늘로 오르는 사다리인지도 모르겠다.

왕궁 유적의 한쪽에는 눈길을 끄는 다섯 사람의 부조상이 있다. 이 부조상은 전쟁 포로로 잡혀온 인근 나라의 죄수를 상징한다고 하는데 다섯 인물 중 왼쪽에서 두 번째 인물이 특별히 관심을 끌었다. 돌의 색깔도 다른 인물이 흰색인데 비해 짙은 갈색으로 되어 있어서 멀리서도 뚜렷하게 구분된다. 이는 돌의 표면이 풍화 또는 오염으로 인해 변색되었을 수도 있을 것이지만 본래 돌의 색깔로 인한 것이라는 생각이 들었다. 이 인물이 주목되는 것은 무릎을 꿇고 있기 때문이다.

이 유적에 대해 특별한 지식이 없어서 무릎 꿇은 인물만 전쟁 포로인가 아니면 다섯 모두 전쟁 포로인가는 알 수 없다. 그러나 왼쪽 첫 번째 인물의 가슴에는 태양신으로 보이는 목걸이가 장식되어 있고 머리도 나머지 네 명과 반대쪽으로 돌리고 있는 것이 눈에 들어왔다. 왼쪽 인물은 그 오른쪽 네 인물과 신분상으로 서로 구별되는 것 같았다.

여기 새겨진 인물들이 전쟁 포로들이라고 해서 이 작은 안마당을 포로의 안뜰이라는 이름으로 부르고 있다. 대형 부조로 영원히 남겨진 전쟁 포로라니, 포로 대접 치고는 지나치게 융숭하지 않은가?

밑에서 올려다 본 십자가의 사원.

세계수의 상징 부호, 십자가

유적 안의 여러 건축물들은 모두 계단식 피라미드 위에 서 있다. 이들은 대부분 독자적으로 존재하지만 여러 사원 건물이 하나의 지역에 모여 있는 경우도 있다. 대표적인 것이 십자가의 사원이다. 십자가의 사원은 하나의 사원 유적 이름이기도 하지만 태양의 사원 등과 함께 하나의 단지 안에 모여 있는 복합 유적의 이름이기도 하다. 십자가의 사원에서 볼 수 있는 십자가 이미지는 세계의 중심에 있다는 나무, 즉 마야 신화 속의 세계나무를 상징한다고 한다.

현재까지 조사된 유적은 전체 유적의 5퍼센트에서 10퍼센트 정도라고 한다. 유적의 경계선에서 한 걸음만 들어가면 하늘이 잘 보이지 않는 밀림이다. 이 밀림 속에 지금까지 250년의 긴 세월 동안 조사한 것의 열 배도 훨씬 넘는 유적이 숨겨져 있을 것을 생각하면 가슴이 뛰는 사람들이 많을 것이다. 그러나 그것은 이후에도 그냥 숲속에 묻힌 채로 두는 것이 좋을 것 같다. 지금까지의 조사로 밝혀진 것만으로도 사람들은 상당한 양의 정보를 얻을 수 있었다. 그것은 기록을 남겨놓는다는 마야인들의 훌륭한 전통 때문이라 할 수 있다. 파칼 왕의 비문 하나만 해도 얼마나 위대한 기록인가?

그 기록에 더해서 파칼 왕의 무덤 뒤로 이어지는 어두운 숲속에 감추어진 어마어마한 역사가 있다는 사실은 마야의 후예들에게 무한한 상상력을 발휘할 수 있게 해주는 힘이 되지 않을까? 궁금한 것을 밝히기 위해 묻혀 있는 것을 파헤치는 것이야 말로 어리석은 일이 될 수 있다는 생각은 마야의 유적에 한하는 것은 아니다.

유적이 끝나는 곳에서 한 발자국만 들어가면 하늘이 보이지 않는 밀림이다.
이 어두운 숲속에 팔렝케 유적의 90퍼센트가 묻혀 있다고 한다.

십자가의 사원에서 조망한 팔렝케 유적. 끝없이 이어지는 원시림 너머로 숲의 지평선이 바다처럼 아득하다.

10

마법처럼 빨려 들어간
밀림 속 고대 도시

야슈칠란

시간을 거슬러 올라가는 우수마신타 강

야슈칠란(Yaxchilan) 유적을 가려면 자동차로 우수마신타 강으로 가서 다시 배를 타고 강을 올라가야 한다. 아침을 길가의 식당에서 간단히 때웠다. 선착장으로 가는 길은 길 옆의 우거진 숲으로 인해 마치 밀림 속의 터널을 통과하는 듯했다. 어두운 숲 그림자 사이를 비집고 길 위로 내려 앉은 햇살에 검은 아스팔트가 반짝이고 있었다. 차창 밖으로는, 이른 시간이었지만 밭으로 가는 농부들이나 말을 타고 출근하는 사람, 아들과 딸을 오토바이의 앞 뒤로 태우고 학교로 아이들을 데려다 주는 엄마도 보이고 손녀로 보이는 어린 아이를 가슴에 매달고 길을 가는 할머니도 스쳐 지나갔다. 순간순간 눈앞을 스쳐가는 이런 풍경들은 한적한 시골길에 생동감을 불어 넣었다.

우수마신타 강은 강폭이 몇십 미터 정도 되는 작지 않은 강이었는데 수심이 깊지 않았다. 강 양쪽으로는 바위덩어리들이 마치 강둑처럼 쌓여 있었다. 과테말라에서 출발한 우수마신타 강은 야슈칠란 근처에 와서 멕시코와 과테말라의 국경을 이루면서 북으로 흘러 중미 내륙과 유카탄 반도의 경계를 만들고 있다. 강을 따라 내려가면서 오른쪽은 과테말라이고 왼쪽은 멕시코이다. 강 양쪽의 언덕에는 샛노란 과야칸 꽃이 파란 하늘을 배경으로 아름다움을

우수마신타 강.
건너 편이
과테말라이다.

말 타고 출근하는 사람

아들과 딸을 오토바이 앞뒤에 태우고 학교로 간다. 엄마의 하루가 시작된다.

뽐내고 있었다.

강의 동쪽, 즉 과테말라 쪽 돌 밭에 검은 독수리 한 떼가 모여 있었는데 그 중심에 머리가 붉은색으로 치장된 특이한 독수리 한 마리가 눈에 들어왔다. 그 독수리 주위의 검은 독수리들은 붉은 머리의 독수리와 일정한 거리를 두고 있었다. 그 붉은 머리의 독수리는 마치 검은 독수리들을 거느린 왕처럼 보였다. 나중에 인터넷 검색을 해보니 실제 이름도 왕독수리(King vultures)였다. 마야의 전설에 새는 사람의 뜻을 신에게 또 신의 뜻을 사람에게 전달하는 역할을 하는 존재였다고 하는데 고대 멕시코의 왕들도 같은 능력을 지녔다고 한다. 신과 사람 사이의 전달자를 샤먼이라고 하면 멕시코의 왕들은 샤먼왕이었던 셈이다. 이렇게 이 독수리와 왕의 능력이 겹치는 데서 '왕독수리'라는 이름이 붙었다고도 한다.

이 강은 마야 문명의 중요한 교역로 역할을 했다. 마야의 고대문명은 이 강을 따라 과테말라에서 멕시코로, 또 유카탄 반도에서 멕시코 남부 전 지역으로 퍼져나갔다. 고대 마야문명 뿐 아니라 현대에 와서도 도로를 개설하기 어려운 이 지역에서는 강을 이용한 수운이 거의 유일한 교통수단이었다고 한다. 이곳의 도로는 1990년대 초에야 건설되었다고 하니 과거 수천 년간 이 강이 이곳의 사람들에게 기여한 것은 몇 마디 말로 설명할 수 없을 정도이다. 소 떼를 실은 배가 강변에 바짝 붙어 강을 거슬러 올라가는 것이 보였다. 마야

소들이 배에 실려 우수마신타 강을 내려간다.

강을 따라가면서 계속 볼
수 있는 과야칸 꽃

문명의 중심지라고 하는 티칼 유적이 이곳에서 강을 건너면 머지 않은 곳에
있다고 하는데 정해진 일정으로 가지 못한 것이 못내 아쉽다.

강을 따라 올라가면서 양쪽 언덕 위에서 강력하게 눈길을 끄는 것은 잎이
떨어진 나무에 가득 피어 있는 샛노란 꽃이었다. 초록잎이 무성한 관목들 위
로 우뚝 솟은 나무줄기 위에 하늘을 배경으로 노란 꽃들이 가득 피어 있는
모습은 마치 뜨거운 햇빛을 가리려는 노란 우산 같았다. 중앙 아메리카 일대
에서 과야칸이라고 부르는 이 나무는 지역에 따라 타베비야라고도 부르는데
단단한 줄기 때문에 목재로 유명하다고 한다.

꽃이 가득한 정글 사이로 우수마신타 강을 거슬러 배는 우리를 고대 왕국
의 입구에 내려주었다. 잠깐 강변의 아름다운 풍경에 눈을 뺏긴 사이에 시간
은 물길과 함께 수백 년을 거슬러 올라온 셈이다.

숲속의 비밀 도시

배가 유적 입구의 강변에 닿았을 때도 이곳에 어떤 유적이 있는지 짐작조차 할
수 없었다. 유적은 바로 강가에 인접하여 있었지만 거대한 고대도시가 이 울창
한 숲속에 있을 것이라는 낌새를 알려주는 아무런 흔적도 보이지 않았다.

도시는 어두운 숲을 배경으로 갑자기 나의 눈앞에 나타났다. 나는 마치 이야기 첫머리에서 갑자기 튀어나온 갈고리에 덜미를 잡힌 듯 낙엽 쌓인 광장으로 빨려 들어갔다. 이 도시가 번성했을 당시에야 지금처럼 숲속에 몰래 숨어 있듯이 자리하지는 않았겠지만, 오늘 이곳을 찾는 사람들은 신비로움을 느끼지 않을 수 없다. 요즘 세상에 자동차가 들어갈 수 없는 유적이 존재한다는 것만해도 기적이라 하지 않을 수 없다.

4세기 중반부터 시작된 것으로 알려진 야슈칠란의 역사는 9세기까지 이어졌다. 그들은 8세기 중반에 이르기까지 약 4백 년에 걸쳐 이웃 지역과의 많은 전쟁을 치르면서 지배영역을 확장해 갔다. 조그만 자연마을에 불과했던 야슈칠란은 우수마신타 강 유역을 대표하는 나라로 성장했다.

이곳이 가장 번성했던 때는 8세기 중반으로 보고 있다. 유적 안에는 전성기의 왕위에 있었던 파하로 하구아르 4세와 관련된 유적들이 많이 남아 있다. 파하로는 새라는 뜻이고 하구아르는 재규어라는 뜻이다. 왕의 이름에 재규어라는 이름이 많이 들어가 있는 것도 흥미롭다.

유적의 입구 쪽 길에서 밀림 속으로 숨어들 듯 자리 잡은 작은 아크로폴리스

유적을 둘러싼 밀림 속에는 아직도 많은 마야인의 흔적들이 숨어 있다.

작은 아크로폴리스의 42호 건물

재규어는 마야인들에게 힘의 상징이자 신성의 상징이고 신앙의 대상이다. 왕의 이름에 재규어를 붙인 것은 마야인들이 왕을 신성한 존재로 인식하였음을 보여주는 것이다. 왕의 이름에는 이 외에 발람이라는 말도 많이 나오는데 역시 재규어라는 뜻이다. 곧 이 나라는 재규어의 힘과 신성성으로 통치되던 재규어의 왕조였던 셈이다.

하늘이 된 돌비석

마야인들이 돌에 기록을 남기는 전통은 중국이나 한국보다 못하지 않다. 그들은 돌에 기록을 새겼을 뿐 아니라 나무의 속껍질을 이용하여 만든 종이로 책을 만들기도 했다. 다만 유럽의 침략자들에 의해 대부분의 책들은 사라지고 지금 남은 것은 종교의식을 위한 기도서와 순례자의 여행 기록 등 겨우 네 권뿐이라고 한다. 이들이 근대적 학문을 일으킬 수 있었다면 틀림없이 금석학이 등장했을 것이다.

이들이 돌에 기록을 남기는 방법으로 특이한 것을 들자면 출입문의 지붕에 해당하는 상인방에 새긴 것이다. 마야의 석조 건물은 문도 모두 돌로 만들었는데 문 양쪽 석벽의 위를 덮은 넓적한 판석이 바로 상인방이며 천장석이다. 이 상인방의 밑면에 그림과 글씨를 새겨 역사적 사실을 기념하고 기록한 것을 상인방비라 할 수 있다. 내가 견문이 짧은 탓인지는 알 수 없으나 이처럼 상인방에 새긴 비의 형태는 멕시코 외의 문화에서 본 일이 없다.

건물의 문에 들어서서 머리를 위로 치켜들면 상인방비의 그림과 비문이 보인다. 비석은 문의 천장이 되었으니 하늘이나 다름없다. 문 밑에서 머리 위를 쳐다보면 왕의 모습이 하늘에 떠 있다. 자연스럽게 건물 안으로 들어가는 사람들은 왕에 대해 경의를 표하지 않을 수 없다.

유적에서 본 것 중 가장 선명하게 보이는 상인방비는 42호 건물에 있는 세 개의 출입문 중 가운데 있는 42호 상인방이다. 여기에는 파하로 하구아르 4세가 깃털 장식의 옷을 입고 화려한 모자를 쓰고 서 있는데 앞에 신하 한 사람이 도끼를 들고 서 있는 것이 묘사되어 있다. 왕과 신하의 사이의 아래위에는 장방형의 틀 안에 마야 문자가 새겨져 있으며 이러한 문자는 왕의 뒷 쪽에도 보인다. 신하의 뒷 쪽이 깨져서 아쉽지만 등 쪽의 선들이 어느 정도 살아 있어 전체적인 형태는 알아볼 수 있다.

대부분의 비석들은 이처럼 어떤 역사적 사건을 묘사한 그림과 그 내용을 설명하는 문장으로 구성되어 있다. 그런데 문장을 구성하는 글자 또한 그림으로 된 것이라서 여러 종류의 그림들이 예술적으로 배치되고 그것이 부조라는 아름다운 조각 작품으로 완성되어 있는 것이다. 그러나 비에 따라서는 그림은 없고 온전히 문자만으로 구성된 것도 있다.

상인방비는 대부분의 건물 출입문에 있었으며 현재 60개 정도가 조사되었다. 상태가 좋은 것은 멕시코시티의 국립 인류학 박물관에 가 있고 또 런던의 영국박물관 등 외국으로 유출된 것도 상당수 있는 것으로 보인다. 위에 설명한 42호 건물에도 본래 세 개의 상인방비가 있었는데 한 개는 영국박물관에, 그리고 또 한 개는 멕시코시티의 인류학 박물관에 있다고 한다. 이것 하나라도 현장에 남은 것을 다행이라고 해야 하나?

42호 건물 출입문 위의 42호 상인방 조각.
건물 번호와 상인방 번호가 우연히 일치한다.

파하로 하구아르 4세의 상을 새긴
42호 상인방. 왕의 앞에 신하 한 사람이
서 있고 왕의 뒤쪽과 신하와의 사이에
문자가 새겨진 것이 보인다.

1호 비석. 전성기의 야슈칠란을 통치한 파하로 하구아르 4세의 기념비.
여행객으로 보이는 한 여성이 비석 앞에서 두 손을 모으고 기도하고 있다.

비석으로 보는 놀라운 기록 문화

야슈칠란에서 보는 많은 유물들 중에 특별히 눈에 들어오는 것은 돌에 새겨진 다양한 조각들과 비석들이다. 이러한 비석들 중에서 특별한 것은 위에 소개한 상인방 비이지만 더 두드러지게 눈에 들어오는 것을 들자면 중국이나 한국에서 많이 볼 수 있는 판석을 세워 만든 비석들이다.

이 유적의 비석들은 규모가 대단히 크다. 이것은 기록된 문자가 그림으로 되어 있는 것과도 관계있는 듯하다. 많은 내용을 그림으로 묘사하려면 넓은 캔버스가 있어야 했을 것이다. 물론 왕들과 관련된 것이므로 통치자로서의 위대성을 표현하는 데에도 대형의 비석을 세워야 했을 것이다.

비석 중에서 특별히 돋보이는 것은 35호 비석이다. 야슈칠란 유적에서 가장 잘 보존된 비석이다. 비교적 작은 크기의 이 비석은 파하로 하구아르 4세의 어머니를 기념하는 것으로 알려졌으며 정면에 묘사된 인물이 그 어머니 상이다.

21호 건물 안에 있는 35호 비석. 정면의 얼굴은 파하로 하구아르 4세의 어머니 상이다.

비석은 높은 석벽으로 둘러싸인 작은 건축물 속의 석단 위에 있다. 출입구는 좁고 길게 나있고 입구로 들어서면 비석은 마치 무대처럼 꾸며진 석단 위에 석불 입상처럼 서 있다. 이 건물은 말하자면 비각에 해당된다. 위에 소개한 1호나 3호처럼 광장에 홀로 서있는 비석들도 본래는 비각 안에 있었지 않았을까? 아니면 이 비석만 특별히 비각을 만들어 모시듯이 세워놓은 것인가?

비석에 새긴 내용의 구성은 다른 지역의 비석들과는 매우 다른 형식을 보여준다. 비석을 볼 때 가장 두드러지게 보이는 것은 비의 주인공으로 보이는 인물상이며 그와 관련된 또 다른 인물들이 주인공보다는 훨씬 작은 크기로 표현된 것이 많다. 그리고 그림의 주위에 마야 문자로 그림의 내용을 설명하고 있다. 이러한 구성으로 비석은 무척 아름다운 예술품이 되었다.

하늘을 향한 구원의 손짓인가? 지붕 위의 루프콤

마야의 건물들은 대체로 규모가 크고 내부가 비교적 복잡하게 보인다. 중앙

건물 앞 광장에는 풍화로 인해 내용을 잘 알아볼 수 없는 비석이 하나 서 있고 광장에서
계단을 올라가면 33호 건물이 하늘 위로 우뚝 서 있다.

상형문자 계단에 새긴
구기 시합 장면.
선수들의 복장이나 공에
새겨진 그림을 볼 수 있다.

광장으로 들어가는 입구의 건물은 아예 별칭이 미로라고 붙었다. 이 건물은 19호 건물로 이름이 붙어 있는데 그림자의 미로라는 공간을 통해 건물의 뒷쪽을 볼 수 있다. 건물 안으로 한 걸음만 들여놓아도 건물 속이 어지간히 복잡하다는 것을 체감할 수 있다.

마야 건물들의 외관상 특징을 꼽자면 단연 지붕 위에 세운 루프콤(roof comb)을 들 수 있다. 이것은 다른 지역에서도 볼 수 있었지만 나는 치아파스 지역으로 와서야 비로소 눈에 들어오기 시작했다. 팔렝케 유적의 왕궁 건물들 지붕 위에 있는 루프콤의 흔적들을 보았을 때는 그것이 그렇게 높은 구조물로 서 있었던 것임을 알 수 없었다. 루프콤들이 대부분 깨져서 밑부분만 남아 있었기 때문이다.

지붕 위에 우뚝선 루프콤은 멀리서도 그 건물을 뚜렷하게 각인시키며 아름답게 꾸미고 있었다. 그것은 마치 고딕 성당의 뾰족탑처럼 하늘을 향해 높이 높이 올라가려는 인간의 염원을 표현한 듯 보였다. 그러나 루프콤들은 그것이 구조적인 면에서나 역학적인 면에서 특별한 역할을 가지고 있지 않다고 한다. 따라서 건축 자체가 내구성이 취약하여 현재 완전한 모습으로 남아 있는 것은 매우 드물다. 야슈칠란에서도 루프콤이 완전히 남아 있는 것은 33호 건물 밖에 없다.

왕의 궁전이라는 별칭이 있는 33호 건물은 중앙 아크로폴리스의 언덕 위에 있으며 야슈칠란 유적을 대표한다. 완전한 형태로 남아 있는 루프콤은 건물을 웅장하게 보이게 하여 밀림 속에 있으면서도 푸른 하늘 위로 우뚝 솟아 있다. 이 건물은 756년에 파하로 하구아르 4세가 지었다고 한다. 건물이 선 곳은 산 정상으로 발 아래 광장과 강을 내려다보도록 되어 있으나 지금은 나무가 무성해서 보이지 않는다.

왕들의 축구 시합

건물의 기단부 앞에 1단으로 계단석처럼 돌을 깔아 마치 지대석처럼 보이는 석단이 있다. 상형문자 계단이라고 부르는 이 계단석에는 구기 경기를 하는 것으로 보이는 조각상들이 있다. 구기 경기장은 멕시코에 온 이후 마야 유적지마다 볼 수 있었지만 막상 현장에서 경기가 어떻게 치러지는지를 알 수 있는 자료는 볼 수 없었다. 그림 속의 구기 선수는 화려한 의상을 입고 얼굴에는 가면을 쓴 듯한데 땅에 닿은 무릎에는 무릎 보호용구를 댄 것이 보인다. 계단으로 굴러 내려오는 공의 표면에도 그림과 문자가 새겨있다.

경기를 하는 사람은 파하로 하구아르 4세와 그의 전임 왕들이라고 한다. 이전에 보았던 구기 경기장에서는 전쟁 포로 또는 신의 제물이 될 사람들이 선수로 참여하여 이기는 팀 또는 지는 팀이 신에게 바치는 희생물로 선택된다고 했다. 그런데 여기서는 왕들이 선수로 참여한다고 하니 이전의 구기 경기와는 다른 의미를 갖는 것인지 알 수 없다.

상형문자 계단은 757년에 만들어진 것이라 하는데 건물이 756년으로 편년 되어 있으니 건물을 완성한 후에 건물의 최종 마무리로 설치한 것으로 보인다. 혹시 건물을 완성한 후 기념으로 전현직 왕들끼리 구기 경기를 한 것인가?

미로 속의 신전과 제단석의 문자들

미로라고 부르는 19호 건물을 뒤에서 보면 지붕 위의 루프콤이 있던 흔적이 아주 가깝게 보인다. 상부가 무너지고 아랫부분 일부가 겨우 남아 있는 루프

중심광장에 있는 구기 경기장

콤의 모습은 그 나름대로 건축물을 아름답게 보이게 하는 매력이 있다.

19호 건물을 앞에서 보면 네 개의 출입문이 보이고 문과 문 사이의 벽에 각각 하나씩의 벽감이 있다. 여기서 벽감이라고 한 것은 벽에 길게 장방형으로 움푹 들어간 부분인데 적당한 표현이 없어 붙여본 이름이다. 건물의 앞에는 건물 앞마당이 층단의 형태로 되어 한 층을 올라설 때마다 계단을 통해 윗 단의 마당으로 올라가도록 되어 있다.

건물 바로 앞마당에는 제단석으로 알려진 둥근 북처럼 생긴 돌이 있다. 본래 세 개였던 것으로 보이는데 현재 가운데 것이 측면의 조각 상태가 잘 남아 있다. 이러한 제단석은 주요 건물마다 있었던 것으로 보이며 다른 건물에서도 확인된다. 제단석 측면에는 인물상이 있고 인물상 주위에는 마야 문자가 새겨져 있다. 그런데 인물상도 자세히 보면 사각형의 틀에 맞춰 앉아 있어서 마야 문자로 추정된다.

19호 건물 앞의 제단석.
모두 세 개가 있었던
듯한데 형태가 잘 남은
것은 중앙에 있는 이것
하나뿐이다.

제단석에 새겨진
인물상들의 일부. 펼친
사진으로 만들었다.

도둑맞은 마야 문명의 정수들

유적을 여기저기 돌아보면 허물어진 석조 건축물들이 숲속에 숨어 있는 듯
나타났다 사라지곤 한다. 야슈칠란이 몰락한 것이 9세기 전반이라 한다. 그런
데 이 유적이 세상에 알려진 것은 19세기 후반에 유럽인들이 이곳에 와서 그
림과 사진을 발표하면서라고 하니 야슈칠란은 거의 천 년 동안 밀림 속에 폐
허로 있었던 셈이 된다.

1882년 영국의 탐험가 알프레드 모드슬레이(Alfred Percival Maudslay)는
이곳에 와서 조사를 진행한 후 상당수의 상인방을 해체하여 영국으로 가져
갔다. 현재 영국박물관에는 24개의 야슈칠란 상인방이 있다고 하고 또 상태
가 좋은 몇 개는 멕시코시티의 국립 인류학 박물관에 전시되어 있다. 과거 제
국주의자들은 세계 곳곳에 있는 유적들을 자기 것처럼 실어 갔다. 영국박물
관이나 루브르 박물관 같은 유럽의 대형 박물관들은 그들이 저지른 죄악의
결과를 전시하고 있는 것이기도 하다.

하긴 한국의 국립중앙박물관에 있는 중국 신장 위구르 자치구 출토의 서역 유물들도 일제 침략의 결과물들이고 또 중국으로 되돌아갈 희망이 없다. 이 유물들은 오타니라는 일본인이 약탈해온 것이다. 말하자면 국립중앙박물관이 도둑이 흘리고 간 장물을 보관하고 주인에게 돌려주지 않는 셈이니 부끄럽기로 말하자면 남 얘기할 처지도 못 된다.

11

멕시코에서 만난 고구려

보남파크의 비와 벽화

멕시코에서 고구려를 보다

내 나름대로 우리 역사 속의 고구려 이미지를 찾는다면 광개토왕비, 장군총 같은 계단식 피라미드, 그리고 고분벽화 등 세 가지를 들 수 있다. 야슈칠란 인근의 보남파크(Bonampak) 유적에서 나는 이 세 가지를 모두 만났다. 이 유적들에서 놀랍기도 하면서 또 한편으로는 친근함을 느낀 이유가 바로 그런 데 있다고 생각되었다.

보남파크는 6세기에 야슈칠란과의 전쟁에서 패배하여 야슈칠란의 속국이 되었다. 8세기 후반에 야슈칠란은 보남파크의 장인들을 고용하여 1호 건물의 벽화를 제작하였다. 이 벽화들은 현재 멕시코에 전하는 마야의 벽화 유적 중

광장 중앙의 1호 비석(오른쪽)과 맞은편의 돌계단과 건물군이 있는 아크로폴리스

유적 입구에서 본 숲속의 보남파크

에서 가장 뛰어나고 보존상태가 좋은 것으로 알려져 있다. 보남파크라는 이름도 '채색된 벽'이란 뜻이다.

보남파크는 9세기에 이르러 야슈칠란이 몰락하면서 함께 몰락하였다. 야슈칠란의 몰락 원인은 인구의 과잉과 그로 인한 농지확장 그리고 삼림의 벌채 등이 거론되고 있다. 그러나 우수마신타 강을 둘러싼 쟁탈전에서 이웃 국가들에 패배한 것이 직접적인 원인이 되었을 것이다.

광장 중앙에 두 개의 비석이 서 있다. 작은 점 하나가 캔버스 전체를 채운 것 같은 효과를 주는 것처럼 이 두 비석이 갖는 광장에서의 비중은 대단했다. 두 비석 중에서 흰색의 큰 비석이 찬무안 2세의 전성기(8세기 말)를 기록한 1호 비석이다. 빗돌의 흰색과 비면에 새겨진 화려한 의상의 찬무안 2세는 마치 신비로운 기운으로 감싸인 듯한 느낌을 준다. 비석이 갖는 이러한 신비감 때문인가? 여행객으로 보이는 중년의 두 여성이 1호 비석 앞에서 기도를 드리고 있었다. 이 비석처럼 신비감에 싸인 고대 유적에는 우주의 기가 모인다고 믿는 사람들이 있다.

우리 역사 속에서 이렇게 큰 기념물로는 광개토왕비를 들 수 있다. 광개토왕의 비석이 6미터가 약간 넘는데 찬무안 2세 비석도 6미터가 약간 넘는다. 광개토왕비는 높이만 큰 게 아니라 비석의 네 면 폭이 비슷하여 육중한 돌기둥이 서 있는 듯 무게감이 있다. 그런데 이 찬무안 2세 비는 폭이 2.6미터이고 두께가 50센티 정도로 얇아서 넙적한 판석을 세워놓은 형태의 전형적인 판석비이다. 옅은 갈색의 비면은 옅은 구름으로 인해 햇빛이 가려졌음에도 밝게 빛나고 있었다. 비는 여덟 조각으로 쪼개진 것을 다시 퍼즐 맞추듯 복원한 것인데 비면의 중간에는 미처 맞추지 못한 퍼즐로 인해 여러 개의 구멍이 뚫려 있다.

앞에서도 설명한 적이 있지만 마야의 비석들은 단순히 글자만으로 역사를 기록한 우리의 비석과는 그 기록의 방식에 뚜렷한 차이가 있다. 이곳의 비석은 마치 기념사진을 보는 듯이 세밀히 묘사된 그림들과 그림을 설명해주는 문장으로 이루어져 있다. 그래서 글자만으로 알기 어려운 역사적 사실을 구체적인 그림을 보여주면서 설명하고 있어 당시의 역사를 상상력을 동원하지 않고도 아주 구체적으로 알아낼 수 있다. 이것은 마야인들이 비석에 역사를 기록하는 매우 뛰어난 방식이라 할 수 있다.

찬무안 2세의 전성기를
마야 문자로 새긴 1호 비석.
높이는 약 6미터로
광개토왕비와 비슷하다.

1호 비석에 묘사된 찬무안 2세는 화려한 장식이 달린 지팡이를 짚고 있으며 상체는 갑옷을 두텁게 입었고 두 다리는 맨 살이 드러나 있다. 얼굴은 큰 코와 눈동자가 강렬하게 묘사되어 강인한 무사의 모습이 뚜렷하다. 발 밑에는 띠처럼 새겨진 마야 문자가 보이는데 왕의 계보를 기록한 것이라고 한다. 그 아래 복잡하게 보이는 그림은 마야인들이 최상의 신으로 모시는 옥수수 신이라고 한다.

아크로폴리스의 비석들

광장의 중심을 차지한 1호 비석의 서남쪽에는 산의 경사면에 돌계단을 조성하여 여러 건물과 비석이 배치되었다. 광장에 서서 보면 그것은 마치 피라미드 신전처럼 보인다. 계단의 중앙부로 올라가면 최상부에 작은 건물 셋이 마주 보이고 그 왼쪽으로 레벨을 한 단 높여 같은 크기의 두 채의 건물이 보인다. 이 건물들은 지붕 위에 루프콤을 갖추고 있어 작은 규모라도 매우 중요한 신전들로 생각된다.

마야인들은 신과 관련되는 모든 시설을 사람들의 생활공간보다 훨씬 높은 곳에 만들었고 그곳에 도달하려면 높은 계단을 이용하여야만 했다. 그래서인가, 신전이나 신성성을 가진 기념물 등은 모두 높은 계단 위에 올라서 있는 것을 볼 수 있다. 이곳을 사람들은 아크로폴리스로 부르고 있는데 높은 계단의 아래쪽에 두 개의 비석이 있고 다시 그 위쪽으로도 한 개의 비석이 있다. 아래의 두 비석은 아크로폴리스로 올라가는 입구에 마치 수문장처럼 보인다.

2호 비석과 3호 비석으로 번호가 붙은 이 비석들 역시 찬무안 2세와 관련된 것이다. 1호에서 3호까지의 세 비석을 통하여 찬무안 2세의 가계와 가족관계 그리고 이웃 나라들의 정복과 관련된 역사적 사실이 밝혀졌다. 이러한 것도 광개토왕비에서 보는 것과 유사하게 읽히는데 영웅적 제왕의 기록이 갖는 보편성으로 볼 수 있을 것이다.

2호 비석의 찬무안 2세는 두 여성이 앞 뒤에서 그를 향해 서 있다. 앞은 그의 어머니고 뒤는 그의 부인이라고 한다. 1호 비석에서도 찬무안 2세가 입은 의복의 화려함이 돋보였지만 2호에 묘사된 아내와 어머니의 의복 그리고 머리에 쓴 관도 놀랍도록 사실적이다. 특히 지금도 중부 멕시코의 마야 여성들이 즐겨 입는 위필(huipil)이란 옷이 그대로 묘사되고 있어 마야인들의 전통이 얼마나 오랜 역사를 가졌는지를 생생하게 보여준다.

이 장면은 찬무안 2세가 몸에 구멍을 내서 피를 흘리는 일종의 희생의식을 치르는 장면으로 읽히고 있다. 아내와 어머니는 희생의식을 도와주는 보조자 역할을 한다. 그의 아내는 종이로 만든 바구니를 들고 왕의 몸에서 흐르는 피를 받아 태움으로써 신을 기렸다고 한다. 신을 위해 수많은 사람의 심장을 바치는 희생의식에서 왕도 완전히 피할 수는 없었던 것을 알 수 있다. 그러나 일반 민중들이 신을 위해 심장을 꺼내 바치는 것을 생각하면 몸의 일부에 상처를 내 약간의 피를 흘리는 것을 어찌 희생이라 할 수 있겠는가?

벽화가 있는 건물은 유적 내의 1호 건물이다. 이 건물은 내부의 뛰어난 벽화로 인해 그림의 신전이라 부르기도 한다. 791년 11월 15일에 왕에게 바친 건물이라 하니 무려 천 이백 수십 년이 흘렀다. 이 그림의 사원은 20세기 초에 미국의 사진가가 미국 학계에 소개함으로써 알려지게 되었지만 그 당시에도 마야 원주민들이 건물 안에서 의식을 치루고 있었다고 한다. 유적이 외부 세계에 알려지기 전까지 계속해서 신전의 기능을 해왔다고 보아야 할 것이다.

벽화들은 군데군데 표면의 석회가 떨어져 없어진 부분도 많이 있으나 상당 부분 선명한 색채와 더불어 그림의 내용도 알아볼 수 있다. 그림의 표면이 떨어져 나간 부분들은 인위적으로 석회를 긁어내어 알아볼 수 없게 한 곳도 많다. 주로 얼굴 부분이 인위적으로 훼손되었다. 이는 벽화 제작의 시대가 지나고 이후 통치권을 승계한 세력들이 남아 있는 이전 왕조의 힘을 제거하기 위한 주술적 행위로 보고 있다. 이러한 현상은 중국의 석굴사원에서도 볼 수 있고 또 조선 초기 석불 훼손 등과도 같은 선상에서 볼 수 있을 것이다.

그러나 보남파크의 벽화를 돌이킬 수 없게 훼손한 사람들은 이 유적을 처음 외부에 소개한 사진가와 연구자들이다. 그들은 어두운 실내에서 벽화를 밝게 보이게 하기 위해 벽화 위에 등유를 뿌렸다고 하는데 이야말로 벽화를 급격하게 훼손시킨 원인이 되었을 것이다. 지금 벽화의 표면에 채색이 상당 부분 없어진 곳은 아마도 등유로 인한 것이 아닐까 생각된다. 특히 벽면의 하층 부분은 다른 색 페인트를 덧칠한 듯 보이기도 하고 표면이 많이 퇴색 또는 탈락된 곳이 많다. 이러한 훼손의 흔적들은 유적을 처음 훼손시키는 사람들이

2호 비석. 찬무안 2세의 부인(왼쪽)과 어머니가 앞뒤에서 피를 흘리는 희생의례를 보조하고 있다.

3호 석실 북벽의
인물로 얼굴 부분이
떨어져 나갔다.
이전 세력의 권력을
제거하기 위한
행위라고 하는데
일종의 유감주술적
방법이다.

언제나 연구자들이라는 점을 깨닫게 해준다. 나 자신 또한 조사를 위해 국내외 유적들을 찾아 여러가지 작업들을 하면서 부끄러운 일들을 얼마나 많이 저질렀을까? 머리가 어지럽다.

세 개의 방으로 연결된 왕위 계승 이야기

그림은 세 개의 방에 나뉘어 있다. 방으로 들어가는 출입문 위 상인방에는 야슈칠란에서 본 것처럼 왕과 관련된 그림과 글씨를 부조 방식으로 새겼다. 이 상인방 부조에는 아직도 마야의 청색이라고 부르는 푸른색의 물감이 남아 있다. 이로써 상인방의 부조는 본래 선명하게 채색되어 있었음을 알 수 있다. 또 출입문의 양쪽 벽에도 프레스코 벽화의 흔적들이 남아 있다.

세 방의 그림들은 모두 연결된 하나의 이야기이다. 찬무안 2세의 아들과 손자에게 이어지는 왕위 계승과 관련된 이야기들이라고 한다. 세 개의 방에는 모두 281명의 인물이 있는데 상당수는 이름이 함께 기록되어 있다. 마치 고구려 안악 3호분이나 덕흥리 벽화고분 등에서 그림 옆에 인물명 등의 글씨를 남긴 것과 비슷하다.

1호 석실로 들어가는 문의 상인방에는 찬무안 2세가 적군을 잡는 모습을 묘사한 그림이 새겨져 있다. 또 문의 양옆 벽면에도 채색 벽화가 있었는데 지금은 맨 위에만 조금 남아 있다. 1호실 문을 들어서면 방안의 네 벽과 천장까지 원색의 그림들이 가득 차 있는 것에 놀라게 된다. 방의 구조는 장방형이며 벽의 상부를 경사진 벽으로 만들어 좁은 천장을 만들고 있다. 벽에 그린 그림들은 회칠을 한 위에 채색화를 그린 프레스코 벽화이다.

마야의 역사 문화 도감, 석실 벽화

1호 석실은 왕실의 행사를 위한 장소라고 하는데 벽화의 내용은 찬무안 2세가 고위 인사들과 만나는 것을 묘사한 것이라고 한다. 중앙벽이라고 할 수 있는 남쪽 벽에는 왕의 후계자와 왕의 형제들의 춤추는 모습, 그리고 동벽에는 일열로 악기를 불며 남벽을 향하여 행진을 하는 모습을 볼 수 있다.

여기서 가장 주목되는 그림은 남벽 상층의 오른쪽 단 위에 올라선 사람과 그가 안고 있는 어린아이다. 이 아이는 대체로 왕위 계승자로 알려져 왔는데 최근 여성으로 밝혀지면서 그에 의문이 제기되고 있다고 한다.

하층 그림의 배경으로 사용된 푸른색은 소위 마야 청색이라고 하는 색깔이다. 마야 청색은 마야의 고대 유적에서 볼 수 있는 파란색 안료이다. 무기질과 유기질을 모두 사용한다고 하며 기원전 500년경부터 사용되었다니 사용한 역사는 매우 긴 편이다. 1호 석실에서는 행진하는 그림이 많은 벽화의 하층에 주로 사용되고 있고 2호 석실은 전투가 벌어지고 있는 상층에 주로 사용되고 있다. 3호 석실 역시 상층에 많이 사용되었는데 왕족이나 귀족들의 의식을 행하는 배경색으로 사용되었다. 푸른색의 배경은 마치 블루 스크린을 사용하여 촬영하는 스튜디오와 같다. 이러한 배경의 처리는 보는 사람에게 주제의 인물들이 앞으로 돌출된 것처럼 보이는 독특한 효과를 준다.

2호 석실에는 792년 치러진 전투 장면이 사실적으로 그려졌다. 이 전투는 동맹국 야슈칠란과 함께 인근의 다른 종족을 정복한 것이라 한다. 북벽에는 창을 잡고 서 있는 찬무안 2세의 앞에 포로들이 무릎을 꿇고 앉아서 두 손을 내밀고 있는데 손톱을 뽑아 피를 흘리고 있는 모습으로 해석되고 있다. 이들은 몸에서 피를 뽑아 신에게 제사하는 의식이 매우 다양하게 있는 듯한데 이

1호 석실 동벽의 벽화. 악대들이 연주를 하면서 행진하는 모습이다.

1호 석실의 입구 문   1호 석실의 입구 문의 상인방

러한 행위가 신의 이름을 빌어 널리 행해지고 있었다는 것은 종교나 문화적 현상으로만 보기에는 너무나 잔학하다.

석실의 남벽은 찬무안 2세와 그의 군사들이 이웃 나라를 공격하여 포로를 잡는 장면이 복잡하게 전개된다. 북벽에는 포로를 잡은 찬무안 2세가 포로들 앞에서 포로의 손톱을 빼서 피를 뽑아내는 의식을 치르는 장면이 드라마틱하게 표현되었다.

2호 석실의 밑에서는 무덤 하나가 발견되었다. 무덤의 주인공에 대해서는 정확한 정보가 없으나 찬무안 2세로 보는 견해가 많은 듯하다. 2호 석실이 세 방 중 가운데 위치하는 것으로 미루어 이 건물의 가장 중요한 부분은 무덤일 가능성이 많다. 그렇다면 세 개의 석실은 이 무덤을 꾸미기 위한 것인가? 방에 그린 벽화들이 찬무안 2세의 치적과 후계자 선정과 관련된 것이라면, 이 무덤의 주인공은 찬무안 2세일 가능성이 높다고 생각된다.

왕위 계승과 승전을 축하하는 듯한 악대의 축하 행렬과 화려하게 장식된 옷을 입고 춤추는 사람들이 벽면 하층을 가득 채운다. 그리고 상층에는 왕족들이 단상 위에 앉아서 혀에 구멍을 뚫어 흐르는 피를 단지에 담는 유혈의식을 치르는 그림이 있다. 그런가 하면 중간에는 피라미드 위에서 심장을 꺼내는 장면 등 이 방에는 축제와 함께 끔찍한 희생제의 그리고 유혈의식 등이 함께 등장하여 기묘한 앙상블을 만들어 낸다. 마야인들의 세계가 얼마나 끔찍한지를 한꺼번에 펼쳐 보여주는 곳이다.

벽면의 하층에는 푸른색의 커다란 깃털 장식을 머리에 쓰고 춤을 추는 사람들이 있는데 이들은 왕자들이라고 한다. 왕자들은 붉은색으로 표현된 피라미드 계단을 배경으로 춤을 추고 있으며 피라미드 위에서는 포로의 몸에서 심장을 떼어내는 의식이 치러지고 있다. 춤추는 왕자들이 입은 옷은 허리에 날개 장식을 달았고 머리에도 깃털 장식을 크게 달고 있어 이런 장식들이 이들이 섬기는 독수리와 관련되는 것이 아닌지 모르겠다.

앞에 소개한 대로 북벽에 그려진 인물들의 상당수는 뒷 세대에 의해 얼굴이 훼손되었다. 새로운 세력이 기존 세력을 제거하는 의미가 담겨 있는 것이다. 3호 석실은 왕위 계승, 전쟁에서의 승리, 그리고 축제의 환호와 유혈의식

1호 석실 남벽 상층의 아기를 안고 있는 시종으로 보이는 사람. 이 아이는 왕위 계승자로 추정되며 최근 여자아이로 밝혀졌다. 왕위 계승과 관련하여 수수께끼에 싸여 있다.

을 비롯한 희생제의가 한꺼번에 등장하면서 마야의 역사와 문화를 종합판으로 보여주는 역사 도감이다.

보남파크 유적의 숲에서는 검정과 노랑색이 어울어진 예쁜 새들을 많이 볼 수있다. 극락조라고 한다. 좀 뜬금없다는 생각이 든다. 웬 극락인가? 전쟁과 포로의 몸에서 심장을 꺼내는 잔인함과 왕위의 계승 곧 왕의 자리를 둘러싼 쟁투가 한 덩어리로 뭉쳐서 눈을 어지럽히는 곳, 이곳은 정말 극락인가? 아름다운 숲을 보면 사람에게는 몰라도 새들에게는 극락일지도 모르겠다.

3호 석실 동벽 상층 벽화. 왕족들이 혀에 구멍을 뚫어 피를 흘려 항아리에 담는다. 맨 위의 천장 부분의 붉은 곡선들은 피를 뿜는 초자연적 존재로 해석된다.

3호 석실의 문. 좌우 벽은 훼손을 막기 위해 유리를 덧씌웠다.

유적 최상부에서 내려 본 광장

3호 석실의 상인방. 전쟁 포로의 가슴을 승자의 창이 관통하고 있다.

12

바다 위의 성채

산프란시스코데캄페체

흔히 캄페체라고 부르는 산프란시스코데캄페체(San Francisco de Campeche)는 에드스나(Edzna) 유적을 보기 위해 들린 경유지의 하나였지만 도시 자체가 세계문화유산으로 등재될 만큼 역사적으로도 중요하고 아름다운 도시이다. 이 도시는 또 캄페체 주의 수도이기도 하다. 이 글에서는 일반적으로 부르고 있는 캄페체라는 명칭을 사용한다.

도시는 바다를 따라 쌓은 완고한 성벽으로 둘러싸여 있다. 멕시코를 여행하면서 이런 성곽도시는 처음이다. 캄페체는 스페인의 식민지 시절에만 스물한 차례가 넘는 해적들의 공격을 받았다고 한다. 성곽은 이러한 해적들의 침입을 막기 위해 건설되었으며 1685년부터 24년이라는 긴 기간 동안 완성되었다고 한다. 또 이곳에 살던 부자들의 저택에는 해적의 침입을 피하기 위한 터널이 있었다는 이야기도 있다.

캄페체는 여행객들을 쉽게 해준다. 캄페체 문자 조형물의 그늘에서 관광객이 휴식을 취하고 있다.

밤의 캄페체 시가지.

멕시코의 전형적 풍취가 느껴지는 캄페체 시내의 골목길

비석 박물관과 마야 건축 박물관이
들어있는 고독의 성모 요새

황혼에 성벽 위를 산책하는 사람들. 왼쪽에 종이 매달려 있고 오른쪽은 망루이다.

캄페체 시를 바다로부터 격리하고 있는 긴 성벽 중에 가장 큰 요새로 알려
진 것은 고독의 성모 요새(Baluarte de Nuestra Senora de la Soledad)이다. 고독
의 성모는 십자가에 매달린 아들 예수 앞에서 마주한 절대적 고독을 감내하
고 있는 성모 마리아를 의미한다고 한다. 우리는 신의 아들이 신의 세계로 들
어가는 순간, 그의 어머니 성모 마리아가 홀로 감당해야 하는 그 처절한 고독
을 상상조차 할 수 없다. 또한 요새의 안내문에는 바다를 항해하는 선원들의
수호성인이 어느날 바다 위에 있는 선원들 앞에 떠 올랐다고 쓰여 있었다. 이
이야기로 인해 요새의 이름이 고독의 성모가 되었다. 망망한 바다 위를 떠도는
뱃사람들의 수호성인으로서는 정말 어울리는 수호신이라고 생각이 들었다.

요새가 완공된 것은 1692년이며 캄페체의 여러 요새 중에서 가장 크다.
18세기 중엽부터 1929년까지 요새는 군사용 막사로 사용되어 왔다고 하며
그 후에는 국방장관과 장교들 가족의 살림집으로 사용되었다고 한다. 지금
요새 안에는 석비박물관과 역사고고박물관이 들어서 있다. 박물관의 정식 명
칭은 '고독의 성모 성채 마야 건축 박물관'인데 처음에는 석비를 모아 놓는
것으로 시작된 듯하며 점차 고고 유물 쪽으로 확대된 것으로 보인다. 비석실
에는 내가 관심 있는 비석들이 많이 있어서 안에서 많은 시간을 보냈다.

박물관 외부에서 경사진 통로를 올라가면 성벽과 바로 연결되는 옥상 위
에 올라서게 된다. 옥상 위에서 보면 시내의 대성당 종탑이 멀리 보이고 반대

정면에서 본
캄페체 대성당의 외관

성당 내부의 정면 제단

등에 '우리는 좋은 거버넌스의 모범이 될 것입니다' 라고 인쇄된 티셔츠를 입은 페인트공이 해안 도로변 공원을 단장하고 있다.

성당의 후원에는 묘지가 있다. 왼쪽 그늘 속에 있는 돌벽에 관이 안치되어 있다.

무료한 오후, 책을 읽고 있는 후원 관리인

쪽으로는 멕시코 만의 푸른 바다가 펼쳐져 있다. 성벽은 현재의 시가지에 바짝 붙어 있어서 길 건너편 건물의 유리창이 손에 잡힐 듯 가깝고 성벽 위에는 종루와 망대가 설치되어 있다. 시원한 저녁 바람을 맞으며 황혼의 성벽 위를 걸으면 이 도시만의 특별한 정취가 느껴진다.

멕시코의 어느 곳을 가든지 스페인 식민통치에 저항하여 멕시코 사람들의 주체성과 자주성을 세우려는 노력의 흔적들을 찾을 수 있다. 대부분의 대성당들은 본래 이 땅에 살던 사람들의 신앙 중심지를 빼앗아 세우고 철저하게 현지인들의 전통을 말살하면서 설립된 것이다. 캄페체 대성당 역시 유카탄(Yucatan) 반도를 정복하여 그곳에 대한 통치권을 부여받은 프란시스코 데 몬테호라는 사람을 기념하여 세운 것이다.

성당은 여러차례에 걸쳐 리모델링 되고 확대되었다. 종탑의 이름조차 스페인 사람을 뜻하는 '라 에스파뇰라'라고 붙였다. 또한 시계를 설치했고 또 건물 정면 중앙에 스페인 왕실의 문장을 새겼다. 그러나 캄페체 사람들은 멕시코 독립 후 시계와 스페인 문장을 제거하고 '라 캄페차나'라는 새로운 종탑을 세웠다. 지금 있는 시계는 1916년 새로 만들어 설치한 것이라고 한다. 비록 가톨릭 신앙은 스페인의 침략과 함께 들어온 것이지만 멕시코 사람들은 철저하게 스페인의 종교적 틀을 제거하고 자신들에 맞는 새로운 가톨릭으로 만들어 왔음을 여기서도 볼 수 있다.

캄페체의 해변을 천천히 걸으면서 멕시코에 입국한 이후 쌓였던 피로가 스르르 녹아내리는 것 같았다. 시내를 떼지어 날아다니는 펠리칸을 보는 것도, 또 해변을 달리는 젊은이를 보는 것도 모두 즐거웠다. 카리브 바다를 이렇게 체험한다는 것 자체가 나에게는 큰 즐거움이었다.

13

물길 자취마저 사라진 운하의 도시

에드스나

피라미드 신전 도시의 표준형

가는 곳이 어떤 곳인지 사전 지식이 없이, 그야말로 '그냥' 가는 것은 마치 안 갯속의 어떤 곳을 향하는 것과도 같다. 그래서 가는 목적지에 대한 인상은 안 갯속에 언뜻언뜻 보이는 풍경의 조각들에 의해서 만들어지는 경우가 많다. 이 번에 가는 길의 길가 풍경은 참으로 평범했다. 넓은 초원에서 한가롭게 풀을 뜯는 소떼나 잡목들이 우거진 황량한 들판이나 모두가 그냥 하루하루 스쳐 가는 일상적인 풍경들에 불과했다.

에드스나도 그렇게 평범한 일상처럼 내 앞에 나타났다. 그동안 그리 많은 유적을 거쳐온 것은 아니지만 똑같은 피라미드 신전들이나 구기장이나 넓은 광장을 둘러싸고 있는 석조 건물군들이나 모두 특별한 감흥을 주지 못했다. 지금까지 지나쳐 왔던 유적들의 표준형이라고나 할까? 피곤한 탓이었는지도 모른다.

캄페체에서 에드스나로 가는 길가 풍경

매표소를 지나 들어간 엉성한 초가 건물 안에는 유적에서 수거하여 모아 놓은 비석들이 진열되어 있었다. 이 비석들은 왜 제자리를 지키지 않고 이곳에 모여 있는지는 알 수 없지만 다시 제 자리를 찾아갔으면 하는 생각이 들었다. 진열실은 풀로 지붕을 덮은 야외 박물관에 가까웠다.

진열실 한복판에 있는 비석은 2호의 번호가 붙은 것이다. 이전에 야슈칠란의 상인방에서 보았던 것과 비슷한 구도의 그림으로 오른쪽에 왕으로 보이는 화려한 관을 쓴 큰 인물이 서 있고 왼쪽 아래에 전쟁 포로로 보이는 작은 인물상이 서 있다. 비석에는 731년 8월 22일의 날짜가 기록되어 있다고 한다.

이 비석에서 주목할 만한 것은 중심부에 원형의 도형이 있는데 이것은 구기 경기에 사용하는 공으로 보고 있었다. 이 공의 존재는 비석의 내용이 구기 경기를 끝내고 전쟁 포로를 인신공양의 제단에 바치기 직전의 상황을 보여준다는 해석도 있다. 8세기 마야의 도시국가들이 얼마나 많은 전쟁을 치르고 또 포로를 제물로 바쳤는지 찾아가는 유적마다 나타나는 비석들을 통

뒤에 있는 피라미드 신전은 계단을 쌓은 석축이 무너져 일부만 원형을 살려 복원되었고 중앙 계단도 계단석들이
제 모습을 갖추지 못하였다.

해 알 수 있다.

마야 유적에서 돌은 물과 같다. 물이 그릇에 따라 모양을 바꾸듯 마야의
돌들은 마야인들의 생각대로 모양을 바꾼다. 사전 지식 없이 찾은 탓인지 에
드스나의 유적에서 다른 곳과 다른 특별한 무엇을 찾아내지는 못했지만 수많
은 돌들이 만들어낸 다양한 모양의 건축물들에서 나는 그런 생각을 떠올렸다.

돌들은 무너져 내리고 다시 쌓아 올려지는 과정을 반복해 왔고 그래서 애
초의 모습이 영 다른 모습으로 변하기도 했을 것이다. 그런 탓에 사람들의 생
각이라는 그릇 모양을 따라 애초보다 더 다양한 모습으로 지금 내 앞에 있게
되었는지도 모르겠다. 무너져 내린 돌들이 제모습을 찾도록 하기 위해 사람
들은 이런저런 형태를 갖추려고 애썼겠지만 많은 석조 건축물들은 제모습을
잃은 채로 서 있다.

역사 유적도 세월 따라 달라지게 마련이다. 그곳에 사람이 사는 한 그때그때 사람들의 삶의 모습을 따라 변할 수 있다. 그러나 그곳과 아무 관련도 없는 사람들이 그럴듯하게 꾸며놓은 유적들을 보면 이제 유적 자신도 자신의 본래 모습을 기억 못할 것이란 생각이 든다. 아마도 그런 모습들은 오래도록 사람들 앞에서 마치 본래 그랬던 것처럼 그렇게 서 있을 것이다.

대 아크로폴리스와 5층 피라미드 신전

유적의 전체적인 구성은 넓은 광장을 중심으로 해서 사방으로 건축물 집단이 분포되어 있다. 중심광장의 동쪽으로 이 유적에서 가장 큰 대 아크로폴리스가 있고 북쪽과 남쪽에도 작은 아크로폴리스들이 존재한다. 그 주변으로 어느 유적에서나 볼 수 있는 구기 경기장이나 신전으로 보이는 작은 건물들이

있는데 전체 유적에서 가장 중요한 부분은 5층 피라미드 신전과 그에 부속된 건물들이 모여 있는 대 아크로폴리스라고 할 수 있다.

대 아크로폴리스는 에드스나 유적 전체의 한복판을 차지하고 있는 중심 광장에서 계단을 통해 올라와야 한다. 아래 광장에는 대 아크로폴리스로 오르는 중앙계단으로 통하는 통로가 만들어져 있다. 이 V형 통로의 존재는 아크로폴리스에서 거행되는 의식과도 관련될 것으로 보인다.

대 아크로폴리스의 광장 동쪽에는 전체 5층으로 축조된 피라미드 신전이 있다. 최상부의 루프콤까지의 높이가 31.5미터나 된다고 하는데 다른 곳의 피라미드와 달리 각 층마다 방이 있고 출입구가 만들어져 있다. 맞은편에서 보면 피라미드 전체가 마치 계단식으로 설계된 현대식 아파트처럼 보인다. 이러한 방들은 사람들이 거주하기 위한 것이라는 설명이 있는데 신전의 기능으로 미루어 신전을 관리하고 제사를 주제하는 신관들이 살았을 법하다.

흥미로운 것은 피라미드 신전의 축조와 관련된 기록이 비석의 형태로 남

동쪽에서 내려다본 대 아크로폴리스 전경. 오른쪽은 달의 신전의 일부이고 맞은편은 북쪽 신전이다.

5층 신전으로 올라가는 맨 아래의 계단에는 상형문자들이 새겨져 있다.
그래서 이 계단을 상형문자 계단으로 부른다.

아 있기도 하지만 피라미드로 오르는 계단의 수직면에도 새겨져 있다는 것이다. 이 계단에서 서기 652년의 문자가 발견되었다고 한다. 지금 알려지기로는 신전이 건설되기 시작한 것은 4세기 무렵이라고 하며 수 세기에 걸쳐 건설작업이 지속되었다고 하는데 건설의 거의 마지막 단계를 14세기로 보기도 하니 천년 이상 지속되었을 것이다. 하긴, 사람이 사는 동안 헐어내고 다시 짓는 일도 여러 차례 반복되었을 것이니 그것이 그리 특별한 일도 아닐 것이다.

운하와 함께 사라진 에드스나의 역사

또한 현장에서 느낄 수는 없었지만 이 도시는 많은 운하가 연결되어 만들어진 것이라고 하니 더욱 놀랍다. 건조하고 더운 이 지역의 기후조건에서 농사를 짓기 위해서는 물을 어떻게 농지로 공급하는가가 매우 중요한 일이었고 그로 인해 운하를 만들게 되었다는 것이다. 마야인들이 보여주는 높은 과학 수

숲속에 폐허로 남은 신전의 터

중심광장의 북쪽에서 숲 뒤로 보이는 5층 피라미드의 위용.
맨 위층에 솟은 루프콤이 신전을 더욱 위대한 존재로 꾸며준다.

피라미드에 만들어진 방들은 이제 독수리들의 차지가 되었는가?
독수리 한 마리가 방 속에서 나와 날아갈 차비를 하고 있다.

중앙 광장으로 통하는 숲속의 작은 신전 터. 줄지어 서 있는 돌기둥들이 옛 역사를 상상하게 한다.

이구아나 한 마리가 중앙 광장 서쪽의
긴 계단으로 이루어진 노호치나 뒤쪽
빈 터를 지키고 있다.

준에 감탄할 뿐이다. 에드스나에서 사람들이 떠난 것은 혹시 농사와 관련되지 않을까 하는 생각도 들었다. 운하가 사라지고 에드스나가 몰락했는가? 아니면 에드스나가 몰락해서 운하가 사라졌는가? 현답을 기대할 수 없는 우문이다.

대 아크로폴리스의 동쪽에 있는 5층 피라미드 신전은 에드스나 유적의 어디에서도 볼 수 있는 랜드마크 구실을 한다. 멀리서 나무 숲 뒤로, 또는 다른 석조 건축물 뒤로 우뚝 서 있는 신전을 보면 미륵사지에 솟아 있는 9층 석탑을 보는 듯한 느낌이 든다. 서쪽으로 향하고 있는 피라미드에 석양이 비치는 모습을 보고 싶었다. 붉은 노을빛에 물든 흰 돌의 신전은 얼마나 신비한 느낌이 들지 상상해본다.

새들과 이구아나가 지키는 숲속의 폐허들

에드스나에는 숲속에 감춘 듯이 있는 무너진 작은 신전들도 여기저기서 볼 수 있다. 오래전에 이 자리에 있었던 영욕의 시간들이 지금 그냥 흔적만으로 내 앞에 엎드려 있다. 이들은 잘 정비된 중앙 광장이나 대 아크로폴리스 그리고 수많은 보수 과정에서 변형된 건물들의 깔끔한 공간에서 멀찍이 떨어져 어

숲속의 새들

두운 숲속에 숨듯이 가려져 있다. 그러나 오히려 이들로 인해 중앙 광장 주변의 깔끔하게 정비된 유적들이 숨을 쉬는 생명체로 느껴졌다. 그것은 뜨거운 햇볕에 찌든 여행자의 육신을 부드럽게 위로해주는 존재이기도 했다.

15세기 중엽 이 도시는 사람들이 모두 떠나고 역사 속에서 사라졌다고 한다. 무엇 때문에 이 거대한 돌의 신전들이 숲속에 버려졌는지는 명확히 알 수 없는 채 피라미드 방들은 독수리 차지가 되었다. 숲속에는 이름 모를 새들이 이곳이 영화를 누릴 때나 다름없이 나무 가지 사이를 날아다닌다.

14

구름을 잡으려고 왔던
에네켄의 도시

메리다

구름을 잡으려고

어렸을 때, 50년대 말이었는지 60년대 초반이었는지 정확하지 않은데 KBS 라디오에서 들었던 소설이 있었다. 주요섭의 〈구름을 잡으려고〉라는 작품이 었다. 당시에는 소설을 그대로 성우가 낭독해주는 프로그램이 인기를 끌고 있었다. 지금도 그 소설의 작가와 작품명이 머릿속에 남아 있는 것을 보면 그 내용이 어린 나에게는 매우 인상적이었나 보다.

20세기 초 한국인들이 이민 사기에 걸려 멕시코로 가게 되었다. 그들은 에네켄 농장에서 노예 같은 생활을 하다가 어찌어찌 미국 샌프란시스코로 넘어가게 된다. 겨우 자리를 잡는가 했는데 대지진이 일어나 몽땅 망하고 이런저런 고생 끝에 기반을 잡는다는, 대충 그런 내용이었던 것 같다.

그때 한국인들이 일한 선인장 농장이 바로 멕시코에서 흔히 볼 수 있었던

아침 산책을 나온
시민이 비둘기들에게
모이를 주고 있다.

에네켄을 재배하던 농장이었음을 나는 〈애니깽〉(1997)이란 영화가 나온 후에
야 알게 되었다. 메리다(Merida)에서 에네켄 농장은 가보지 못했지만 이곳은
멕시코의 대표적인 에네켄의 도시다. 한국인들이 멕시코에 이민 와서 처음 일
한 곳도 메리다 근처라고 했다. 그래서 메리다에는 한국이민박물관도 있는데
공사 중이라고 해서 가볼 수 없었다.

석판 한 장에 담긴 유카탄의 역사

시내 중심의 소칼로 광장은 카메라 가방을 내려놓고 벤치에 앉아 쉬기 좋은
곳이다. 광장의 주변에는 이 도시를 대표하는 대성당과 많은 미술품을 보유

한 시청사 건물, 그리고 멕시코 건축으로 유명한 몬테호의 대저택과 현대미술관도 있었다.

현재 관광객의 관람을 허가하고 있는 시청사는 여러 종류의 석조 조각품과 멕시코의 대표적 화가들의 작품이 복도와 회의실 등 여러 공간에 걸려 있다. 시청사는 하나의 큰 미술관 기능을 하고 있다. 관광객들이 복도 여기저기를 돌아다니고 또 유리창 너머에서는 공무원들이 각자 분주히 일을 하고 있는 모습은 정말 인상적이었다.

청사 안의 여러 예술품들 중에서 특별히 나의 눈에 들어온 것은 현관을 들어서면서 만나게 되는 화강석 석판이었다. 처음 그것을 보았을 때는 그것이 무슨 의미를 가졌는지 알 수 없었다. 다만 나의 금석학적 호기심이 작동되어 사진 한 장을 남겼을 따름이었다. 저녁에 돌아와서 구글 번역기로 석판 앞에 놓여 있었던 안내문을 번역해 본 후에야 그것이 카디스 헌법 선포를 기념하는 석판(1820)이라는 것을 알게 되었다.

카디스 헌법이란 1812년 스페인의 카디스란 곳에서 선포된, 왕의 절대권을 부정하고 국민들의 주권이나 참정권, 재산권 등을 보장하는 민주헌법을

메리다 시청사의 현관을 들어서면 만나게 되는 카디스 헌법 선포 기념 석판

2층 복도에서 내다본 풍경. 나무로 가득찬 소칼로 광장 건너로 대성당이 보인다.

시청 2층의 복도에서 무언가를 쓰고 있는 청년 여행자.
청년 뒤쪽으로 시청 사무실이 있다.

시청의 건물 틈으로 내다본 거리의 모습.

시청사 안마당에서 외부 도로로 나가는 통로를 통해 큰길 가의 관광용 마차가 보인다.

말한다. 카디스 헌법이 제정되는 데는 스페인뿐 아니라 스페인의 통치력이 행사되고 있던 중남미의 여러 나라에서 온 대표들도 함께 참여하였다. 이 법은 이후 식민지 지역의 독립에 큰 영향을 미쳤다고 한다.

1821년 멕시코가 독립한 것도 카디스 헌법의 영향이 컸다. 식민지 시절 메리다는 스페인의 유카탄 총독부의 관할 아래 있었다. 멕시코가 독립한 후 유카탄 공화국의 이름으로 멕시코 연방에 속해 있다가 1841년부터 1848년까지 유카탄 공화국이라는 완전한 독립국가로 있었다. 이 석판은 유카탄 독립선언 때까지 광장에 있었다고 한다.

유카탄 공화국이 다시 멕시코 연방에 편입된 후 1871년에 석판은 당시 가톨릭 주교에 의해 유카탄 박물관으로 보내졌다. 그 후 1996년까지 시립박물관에 있다가 2019년 초에 국립 인류학 및 역사연구소 80주년을 기념하여 현재 시청으로 전달되었고 지금 일반 시민들이 볼 수 있게 되었다.

한 장의 기념 석판은 그저 단순한 석조 유물이 아니라 멕시코가 어떻게 독립되고 유카탄은 또 어떤 역사를 거쳐 지금에 왔는가 하는 것을 통째로 이야기하고 있었다.

뭔지도 모르고 찍어 온 사진 한 장으로 멕시코의 독립에 관한 새로운 지식을 얻게 되었다. 메리다의 중앙 광장을 헌법광장이라고 부르는 것은 이에 연유된 것이었다. 또 멕시코시티의 중앙 광장 명칭이 헌법광장이라는 것도 새삼스럽게 알게 되었다.

아름답지만 마음 불편한 몬테호 가의 저택

헌법광장 소칼로에 인접해서 이 지역에서 가장 아름답다고 하는 저택이 있다. 사실 이 집을 처음 봤을 때는 그리 훌륭한 건축으로 생각되지 않았다. 내가 집 앞에 도착했을 때 햇빛은 집의 정면을 비껴 넘어갔고 집을 대표하는 정면 파사드의 조각들은 그늘 속에 가려져 있었다. 흰색 화강암으로 장식된 정면은 세월의 때가 묻어 과거의 화려한 모습을 보여주지 못했다.

이 집은 1543년에서 1549년까지 프란시스코 데 몬테호가 그의 아버지의 명을 받아 지었다고 한다. 그의 아버지는 스페인 정복자들을 위해 이

몬테호 저택의 정면 파사드. 2층 발코니 위의 중심에
가문의 문장이 있고 그 양쪽으로 칼과 도끼를 든 병사 두 명이
문지기처럼 서 있다.

오른쪽 병사의 모습이다. 원주민으로
보이는 사람의 머리를 밟고 서 있다.

처음 지은 것으로 치면 500년 세월이 지난 몬테호 가문의 저택.

몬테호의 저택 박물관에서
어린 학생들이 선생님의
설명을 듣고 있다.
반짝이는 눈빛에서
멕시코의 밝은 미래가
보인다.

집을 짓도록 하였는데 지금 지을 당시의 모습이 남아 있는 것은 도로에서 마주 보이는 정면 파사드뿐이다. 내 눈에 이 건물은 우중충한 고택처럼 보이긴 했으나 멕시코에서는 소위 플라테레스코 양식을 대표하는 것으로 멕시코 건축의 보물로 꼽히는 것이라고 한다. 플라테레스코라는 말은 금 또는 은의 세공장식을 뜻한다. 곧 플라테레스코 건축이란 은으로 만든 그릇의 아름다운 부조처럼 섬세한 조각으로 장식된 건축을 말하는 것이다.

그러나 그 섬세한 조각상들은 원주민의 머리를 짓밟고 있으며 기다란 도끼와 칼을 잡고 투구와 갑옷으로 무장한 병사들의 모습이었다. 집을 지은 것도 스페인의 정복자들을 위한 것이었다고 하니 이 집을 메리다를 대표하는 아름다운 건축으로 평가하기에는 마음이 편치 않다.

이 집은 부호 몬테호 가문이 13대에 걸쳐 거주한 곳인데 1839년 페온(PEON) 가에 팔렸고 1980년에는 현 소유주인 바나멕스 은행에 팔려 은행이 대부분을 사용하고 일부가 박물관으로 꾸며져 있다. 집 내부는 수백 년에 걸쳐 조금씩 고쳐서 처음과는 많이 달라졌다고 하는데 전시실은 대부분 과거 상류층의 생활공간을 재현해 놓았다. 내가 그 집을 찾았을 때는 중학생으로 보이는 어린 학생들이 단체로 와서 선생님의 설명을 듣고 있었는데 그 초롱초롱한 눈빛에 마음이 밝아지는 듯했다.

피라미드를 헐어 지은 메리다 대성당

어느 도시의 소칼로 광장에서나 마찬가지로 메리다에서도 광장에는 대성당이 자리하고 있다. 정식 명칭은 일데폰소 성당이다.

성당 내부는 프란치스코 회 전통에 따라 비교적 간결하게 꾸며져 있으나 중앙 제단의 뒤에 서 있는 십자가는 12미터나 되는 거대한 것이다. 십자가에 매달린 예수상만도 8미터나 된다는데 미주 대륙에서 가장 큰 십자가 예수상이라고 한다. 제단 앞의 천정은 반구형의 돔으로 구성되었는데 돔 꼭대기의 광창과 밑면의 둘레를 돌아가며 낸 아치형 창문에서 햇살이 실내를 환하게 밝혀준다.

대부분의 대성당들이 그런 것처럼 1598년 완공된 이 성당도 마야 유적에서 가져온 돌로 지었다고 한다. 메리다에는 스페인 사람들이 들어오기 전에

일데폰소 성당의 정면

프란치스코 회
전통에 따라 간결하게
꾸며진 성당 내부.

다섯 개의 피라미드가 있었다고 하는데 그 피라미드를 모두 파괴해서 그 석
재로 성당을 지었다는 것이다. 종교인들에게 다른 지역의 문화는 없애버려야
할 이단의 문화에 지나지 않는가? 안내문에 따르면 무어식과 르네상스식이
혼합된 건축양식이라고 하는데 무어식은 이슬람 건축의 양식이니 이 성당은
이슬람과 유럽 기독교와 마야의 문화가 융합된 것이라고도 볼 수 있겠다.

여행 내내 문맹자로 다니다 보면 글을 모른다는 것이 얼마나 답답한 노릇
인가를 실감하지 않을 수 없다. 성당 안을 살피다가 글이 새겨진 동판 하나를
보았는데 나중에 번역해볼 요량으로 사진만 한 장 찍어 왔다. 저녁에 찾아보
니 요한 바오로 2세가 무릎 꿇은 자리를 표시한 것이었다. 더구나 스페인어도
아니고 라틴어였으니 답답함이 두 곱으로 커졌다.

그 동판 외에도 성당 내부의 벽 쪽 바닥에는 글자가 새겨진 대리석판들이
많이 깔려 있다. 대부분 성당 내의 공동묘지에 사용되었던 표석들이다. 성당
의 공동묘지들은 아파트처럼 여러 층으로 칸을 만들고 그 속에 관을 안치하
는데 입구를 이름과 죽은 연도를 새긴 표석으로 막는다. 짐작컨대 묘소는 수
가 제한되어 있고 오래된 묘소는 뒤에 죽은 이를 위해 폐기되고 표석도 교체가
된다면 폐기된 표석은 성당 바닥에 타일처럼 사용될 수도 있겠다고 생각했다.

성당의 한쪽으로 현대미술관이 있다. 현대미술관과 성당의 사잇길은 아크
릴로 지붕을 덮었는데 반투명한 아크릴을 투과하여 들어온 한낮의 햇살이 골
목에 가득 찼다. 골목에는 회화작품들이 전시되고 있어서 현대미술관이 골목

232

폐기된 묘비석이 깔려 있는 성당 내부의 바닥

요한 바오로 2세가 성당에 방문해서
무릎을 꿇은 자리의 표지판

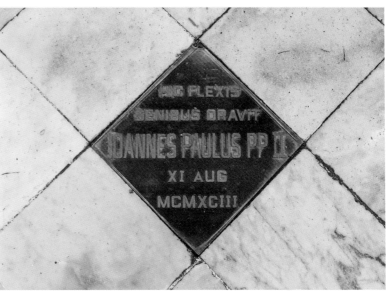

대성당과 현대미술관 사이의 아케이드. 길거리의 미술전시장이다.

마치 19세기의 어느
시점으로 돌아간 듯한
착각을 주는 메리다의
시가지 풍경

까지 확대된 듯 하다.

현대미술관의 반대쪽으로는 고풍스럽게 보이는 시가지가 붙어 있다. 시가
지에는 관광객들을 태운 흰색 마차들이 여기저기 눈에 띄는데 내가 마치 19
세기의 어느 시간으로 와 있는 듯한 느낌을 준다. 붐비지 않는 역사도시의 소
칼로 광장은 몸과 마음이 모두 지친 여행자들에게는 다시없는 치유의 장소다.

15

마법에 홀린 땅
_____

우슈말

새들이 먼저 반겨준 우슈말(Uxmal)

우슈말 유적도 이전에 본 유적들처럼 수많은 석조건물들과 널따란 광장들로 구성된 거대한 도시 유적이다. 이러한 유적들은 도시라고 할 수 있겠지만 대부분의 건물들이 신을 위한 것이거나 신에게 바치는 의식을 위해 건축된 것들이어서 신의 도시라고도 할 수 있을 것이다.

마야 사람들의 신에 대한 마음은 다른 대륙의 고대 문명에서 볼 수 있는 신성성을 바탕으로 한 외경심이랄까 하는 그런 것보다도 훨씬 더 본능적인 차원에서의 두려움이 작동하여 만들어진 것임을 느꼈다. 하기야 처음 사람들이 만들어낸 신이란 것이 두려움의 소산 아니겠는가? 마야인들이 남겨 놓은 많은 도시 유적들은 끊임없이 사람들의 심장을 신에게 바치면서 유지되었음을 보여준다. 우슈말도 예외가 아니다.

뜨거운 땡볕 아래 유적 안으로 들어가면 옛 건물 속이 아니면 볕을 피할 곳이 없다. 한 건물에서 또 한 건물로 옮기려면 그늘 한 뼘 없는 넓은 마당을 한참이나 가로질러야 한다. 워낙 늦게 입장해서 느릿느릿 이곳저곳을 기웃거리느라 들르지 못한 공간도 여럿 있다. 그래서 여기서 내가 소개할 수 있는 곳

아침 인사를 건네는
파리잡이 새(Social
Flycatcher)

유적을 들어가면서 만나게 되는 마법사의 피라미드의 웅장한 모습

피라미드 출입구에서 나온 독수리

마법사의 피라미드의 정면. 이 피라미드는 처음에는 작은 신전 건물에서 출발하였다.
세월이 지나면서 조금씩 증축이 되고 결국에는 모두 5개의 신전을 포함한 거대한 신전이 되었다.

은 몇 군데로 제한될 수밖에 없으나 뜨거운 날씨를 생각하면 그것만 해도 나에게는 벅찰 정도이다.

유적을 들어가면서 처음 만나게 되는 거대한 피라미드는 우슈말 유적을 들어가는 사람을 기죽게 하는 데 충분하다. 피라미드의 밑변을 삼등분한 가운데에 거의 수직에 가깝게 보이는 계단이 하늘로 올라가고 그 끝에 신전 건물이 아득하다. 수많은 돌들이 계단 양쪽으로 나뉜 삼각형의 반쪽을 채우고 있고 중앙부의 계단석이 끝도 없이 위로 올라가는 모습은 보는 사람을 한없이 왜소하게 만들기 때문이다.

계단의 위쪽에는 피라미드 안으로 통하는 시커먼 입구가 동굴의 아가리처럼 뚫려 있는데 갑자기 독수리 한 마리가 그 속에서 나와 두 날개를 퍼덕이며 계단을 올라갔다.

알에서 나온 난쟁이 왕

마법사의 피라미드로 알려진 이 피라미드 알에서 태어나서 우슈말의 왕이 된 난쟁이의 이야기가 서려 있다.

마술에 도통한 노파 한 사람이 길에서 알을 주워 집으로 왔는데 알에서 아이 하나가 나왔다. 이 아이는 매우 영리했으나 키가 자라지 않았다. 노파는 이 아이가 나라의 왕이 되리라는 것을 예견하고 우슈말의 왕에게 보내 왕과 재주 겨루기를 하였는데 그 과정에서 하룻밤 사이에 지은 피라미드가 바로 이 마법사의 피라미드이다. 피라미드를 지은 것은 난쟁이 아이가 아니라 마술을 부리는 노파였기에 마법사의 피라미드라는 이름이 붙은 것으로 보인다.

난쟁이 아이는 왕과 겨루어 승리를 하고 우슈말의 왕이 되었다. 아이와 겨룬 왕은 마지막 게임인 야자열매로 상대방 머리 내려치기에서 패하여 죽고 말았다. 이때 노파는 아이의 머리에 옥수수 가루를 발라 머리를 단단하게 하여 야자열매로 맞았지만 죽지 않았다고 한다.

이 이야기는 아시아 문화권에 많이 분포된 난생 설화와 비슷하지만 아이의 능력보다도 마법을 쓰는 노파의 능력으로 상대를 물리치는 이야기라는 점에서 아시아의 설화와는 차이가 있는 것 같다. 한국에서만 해도 알에서 태어난 영웅이나 왕은 고구려의 주몽, 신라의 박혁거세, 석탈해, 가야의 수로왕 등

마법사의 피라미드
정상부에 있는 신전의 문

타원형으로 돌아가는 부드러운 곡선이 마치 플라멩코를 추는 스페인 무희의 치맛자락을 보는 듯하다.

이 있다. 알에서 태어난 아이가 모두 왕이 된 것은 아니지만 대체로 왕이 되어 한 나라의 시조가 되는 국조 설화 형태로서 존재한다.

우슈말의 난생 설화 역시 우슈말의 왕이 되는 이야기니 왕이 된다는 것은 알에서 깨어나 새로운 세계를 만들어 간다는 것과 같이 험난한 일임을 상징하는 것은 아닐까? 일반적으로 마법사의 피라미드로 알려져 있지만 다른 이름으로 난쟁이의 피라미드라는 이름이 있는 것은 이 난쟁이 왕의 이야기로 인한 것이다.

마법사의 피라미드는 전체 높이가 35미터에 달하는 거대한 규모를 자랑하지만 처음부터 이렇게 큰 것은 아니었다. 본래는 이보다 훨씬 작은 규모의 피라미드 신전이 있었는데 이 위에 새로운 신전을 추가하기를 몇 차례 거듭하면서 현재와 같은 크기가 되었다고 알려져 있다. 피라미드에는 모두 다섯 개의 신전이 있는데 이 신전들은 피라미드가 여러 차례 증축된 과정을 보여주는 것이라 한다. 다른 유적에서도 큰 규모의 피라미드들을 보았지만 피라미드 위

우거진 숲 위로 우뚝 솟은
마법사의 피라미드

의 신전 문의 화려한 장식을 멀리서나마 자세히 볼 수 있는 것은 우슈말이 처음이었다. 수도원이라는 이름이 붙은 건물의 높은 기단 위에서 바라보는 피라미드의 신전문은 화려함의 극치라고 할 만했다.

마법사의 피라미드가 외관상 특이하게 보이는 것은 밑면이 사각형이 아니라 각을 둥글게 죽인 타원형에 가깝기 때문이다. 피라미드의 모서리 부분을 보면 마치 플라멩코를 추는 스페인 무희의 치맛자락을 연상케 한다. 이것도 마법을 부리는 노파의 안목에서 나온 것인가?

유적에서 가장 높은 곳에 있는 대 피라미드 위에서 유적 전체를 내려다보면 마법사의 피라미드가 고대 마야의 기운이 가득 찬 숲 위로 우뚝 솟아 신비로운 기운이 뿜어져 나오는 것을 볼 수 있다. 어쨌든 마법사 노파와 알에서 깨어난 아기 왕의 이야기는 이곳을 찾은 사람들을 마법으로 홀리듯 사람들을 유적 안으로 빨아들인다.

신성한 나무 세이바

마법사의 피라미드를 한 바퀴 돌다가 잎이 다 떨어진 큰 나뭇가지에 주렁주렁 매달린 초록색의 열매들을 볼 수 있었다. 열매들은 마치 그림처럼 공중에 매

마법사의 피라미드를 배경으로 세이바 나무의 열매들이 초록색 별처럼 달려있다.

달려 있었다. 오래전에 인도네시아의 자바를 여행하면서 본 적이 있는 이 나무는 열매 속에 목화처럼 흰색의 솜이 들어 있어서 면화 나무로 기억하고 있다. 한국에서도 카폭 나무로 알려져 있고 열매 속에서 추출된 솜으로 만든 베개나 이불이 시장에서 팔리고 있다. 영어권에서 카폭 나무로 알려져 있으나 스페인어권에서는 세이바로 부른다고 한다. 이번 우슈말 유적 안에서 마법사의 피라미드를 배경으로 이 나무의 열매를 본 경험은 자바에서 별생각 없이 보았던 기억을 특별하게 만들어 주었다.

세이바는 대부분의 열대 지방에 분포되어 있으나 멕시코와 카리브해 지역이 원산지라고 한다. 건기에 잎이 다 떨어지고 난 후 열매가 커져서 하늘에 열매들만 가득 매달린 모습을 볼 수 있다. 다 익은 열매껍질이 마르면 속에 들어 있던 하얀 섬유에 싸인 씨들이 공기 중에 흩어져 여기저기 날아다니며 씨를 퍼뜨리게 된다. 이러한 모습은 마야인들에게 특별한 존재로서 받아들여졌을 것이다. 그래서 세이바는 마야인들에게 신성한 존재가 되었다. 열매 뒤에 배경으로 서 있는 거대한 피라미드가 세이바를 신성하게 꾸며주는 무대장치처럼 보인다.

네모꼴의 수도원

사각형의 넓은 광장을 동서남북으로 에워싼 기다란 건물들을 본 스페인 사람들은 이 건물들의 조합이 자기들이 유럽에서 보았던 수도원과 같다고 생각했다. 그들은 이 건물군을 네모꼴의 수도원이라고 불렀다. 그래서 이 건물군은 본래의 기능과는 상관없이 수도원이 되어 버렸다.

건물들은 커다란 광장을 둘러싸고 있고 서로 다른 높이의 평면에 세워진 네 개의 건물로 구성되었다. 각 건축물의 정면에는 비의 신 차크 신상과 머리가 양쪽에 붙은 뱀의 신 쿠쿨칸 등이 투각 장식처럼 붙어 있다. 이 건물들의 공간으로 들어가는 문은 남쪽에 있으며 긴 건물의 한가운데에 문이 나 있다. 문 양쪽으로는 작은 방들이 있어서 마치 조선시대 건축의 행랑채 같은 느낌이 든다. 윗부분을 삼각형으로 한 아치문에 서면 높은 계단 위에 우뚝 선 북쪽의 신전과 마주하게 된다.

수도원 중 가장 높은 위치의 북쪽 신전에서 본 남쪽 건물

수도원 공간의 입구인 남문과 남문을 통해 보는 북쪽 신전의 모습

북쪽 신전의 우측
프리즈와 모서리의
차크 신상. 네 개의 신상
얼굴이 상하로 중첩되어
있다.

계단의 양쪽으로는 위의 신전에 부속된 듯한 느낌을 주는 건물이 광장 바닥에서 계단을 감싸면서 신전을 호위한다. 이 두 건물의 지붕 슬라브는 북쪽 신전의 밑면과 같은 평면을 이룬다. 마당과 계단이 만나는 중심부에는 비석 하나가 서 있어 이 북쪽 신전에 특별한 권위를 주고 있다.

동서로 길게 놓인 북쪽 신전의 아래층에는 한가운데 있는 넓은 석실 문을 중심으로 좌우 다섯 개씩 모두 열한 개의 문이 한 줄로 벌려 있어 건물은 실제보다 더 길게 보인다. 건물 상부에 올려진 프리즈는 아래층 높이보다 두 배 이상 높으며 모두 다섯 개의 차크 신상이 세워져 있어 건물 전체를 장엄하게 꾸미고 있다. 차크 신상은 차크 신의 얼굴을 네 개씩 중첩하여 쌓은 형태이다.

이러한 건물의 형태는 얼핏 단순하게 보이면서도 또 복잡한 장식적 요소를 가지고 있어서 매우 독특하다. 광장의 동서쪽에 마주 선 건물들도 기본적으로는 같은 형태지만 차크 신 얼굴 세 개를 중첩시킨 신상은 중앙에만 있고 그 좌우에는 두 개의 머리를 가진 뱀 쿠쿨칸들이 역사다리 꼴을 이루고 그를 배경으로 작은 신상의 머리가 붙어 있다.

북쪽 신전에 서서 계단 아래 펼쳐진 광장 아래를 내려다보면 남쪽에서 신전으로 들어오는 문이 보인다. 문이 있는 건물도 광장 전체를 막고 서 있는 성벽처럼 보이는데 성벽이 서 있는 지면은 광장과 같은 평면이다. 광장의 동쪽과

동쪽 건물의 정면 프리즈 벽면에 장식된 신상들. 가로로 역사다리꼴을 한 장대석들은 양쪽에 머리가 있는 뱀의 신 쿠쿨칸이다.

서쪽으로는 광장에서 지면을 높여 신전을 지었다. 이러한 건물들의 배치는 엄격하게 기하학적으로 구성되어 있는데 이는 광장에 서 있는 사람에게 경건한 마음을 갖게 만든다.

남문에서 광장으로 올라서면 광장보다 높은 지면 위에 남북으로 길게 배치된 건물이 양쪽으로 서 있고 다시 그보다 지면을 높여 중심 신전인 북쪽 신전을 올려 볼 수 있다. 이러한 구조는 마치 한국의 서원이나 사찰에서 남쪽의 대문을 들어가면 나지막한 기단 위에 동재와 서재 또는 요사체가 있고 문의 맞은편에 높은 기단을 조성하여 강당이나 금당을 두는 것과 유사하게 보여서 흥미로웠다.

열한 개 기둥의 집과 구기장

수도원 공간의 남쪽으로 내려오면 작은 신전 건물 하나를 만나게 되는데 우슈말에서 내가 가장 아름답게 본 건물이다. 그러나 유감스럽게도 이 건물은 대부분의 우슈말 유적 지도에 나오지 않는다. 어떤 지도에는 조그맣게 위치 표시는 되어 있어도 이름이 없다. 안내판에는 건물 이름을 '기둥의 집(The Columns Building) 또는 동 포르티코(East Portico)'라고 두 가지로 써 놓았다. 포르티코라는 말은 대형 건물 전면에 여러 개의 기둥을 세워 지붕을 덮은 개

내게 가장 아름답게 다가온 작은 신전의 단아한 모습

방형 건물 구조를 말한다. 아마도 건물의 성격을 알 수 없어 건물 전면에 많은 수의 기둥을 세운 이 건물의 구조적 특징을 명칭으로 사용한 것으로 보인다. 그러나 일반적으로 이 건물은 이구아나의 집으로 알려졌다. 혹시 처음 건물을 조사할 당시 이구아나들이 건물 안에 많이 살고 있었기 때문은 아닐까 하는 생각이 들었다.

정면에서 건물을 보면 11개의 기둥이 한 줄로 늘어서 있고 기둥 위로 기둥 높이 만큼의 폭을 가진 프리즈가 장식된 길고 단순한 구조로 되어 있다. 지붕과 기둥 사이의 공간을 차지하고 있는 프리즈 부분에는 세 개의 작은 기둥이 한 조가 되어 벽면을 장식하고 있다. 그 기둥들은 중간 부분을 마치 끈으로 묶은 것처럼 조각을 하였는데 아래층의 기둥과 함께 건물 전체를 아름답게 보이게 하는 중요한 요소로 작용한다.

아래층의 계단식 기단부 위에 프리즈 부분을 받치고 있는 기둥들은 주춧돌 없이 기단부 위에 서 있는데 기둥 하나하나는 길고 짧은 세 개의 돌을 이어 붙여서 세웠다. 프리즈 부분도 차크 신상 같은 복잡한 꾸밈없이 단순한 구조를 보여주는데 우슈말 유적 안에서 가장 단순한 건물이라 할 수 있다. 책

작은 신전의 내부와 기둥 사이로 내다본 바깥 풍경

자에는 신전으로 소개된 것도 있으나 신전으로 보기에는 너무 작고 단순하다. 건물 앞쪽으로 구기 경기장이 있는데 경기를 시작하기 전에 행정요원이나 선수들이 종교적 의식을 치르는 곳이 아닐까 하고 추정하기도 한다.

또 기둥 위에는 사각형의 기둥머리가 얹혀 있고 그 위에 기둥과 기둥을 연결하는 창방이 있는데 이는 석재가 아닌 목재로 되어 있다. 수직으로 선 기둥과 안쪽의 벽체 위를 구성하는 천장은 역 V자 형을 이룬다. 천장의 아래쪽에 기둥의 위치에 목재 들보를 가로질러 천장의 무게를 받쳐준다. 이러한 구조는 마치 우리나라 고대 사찰 건축의 회랑을 연상하게 한다. 석조 건물에 목재로 기둥 위를 연결하였다는 것도 처음 보는 양식이다. 건물의 후면에는 크고 작은 방들이 있고 맨 뒤에 있는 긴 장방형의 방은 천장이 열려 있어 푸른 하늘이 천장처럼 눈에 들어온다. 본래 천장이 있었는데 무너졌는지 아니면 처음부터 없었는지는 확인하지 못하였다.

수도원 공간의 북쪽 신전이 중앙의 큰 석실과 좌우로 다섯 개의 석실 등 모두 11개의 석실이 있었는데 이 건물은 중앙의 기둥을 중심으로 양쪽에 다섯 개씩 11개의 기둥으로 프리즈를 받치고 있어 공통성을 보여준다. 11이라

수도원 아래 있는 구기 경기장. 규모는 크지 않으나 본래의 모습이 그대로 남아 있다.

는 숫자가 마야 문화에서 어떤 특별한 의미가 있는지 알 수 없다. 희게 빛나는 기둥들이 한 줄로 늘어서서 프리즈 부분을 받치고 있는 모습은 장엄하면서도 절제된 아름다움이 있다. 멕시코에서 본 건물 중 이 건물처럼 내게 긴장감과 짜릿한 맛을 준 건물은 없었다.

기둥의 집 앞에 있는 광장을 건너면 구기장이 있다. 대부분의 유적에서 볼 수 있는 구기장은 피라미드 신전에서 희생제의가 치러졌다는 것을 말해준다. 길이가 34미터나 되고 4미터의 높은 벽이 폭 10미터쯤 되는 공터 양쪽으로 늘어서 있는 구기장은 공을 넣는 골대가 갖추어진 완전한 형태를 갖추고 있다.

경기 방식은 고무공을 튀겨서 벽 윗부분에 달린 둥근 골대에 넣는 것인데 어깨나 팔꿈치 허벅지 등을 사용하여 상대방을 막거나 밀쳐 냈다고 한다. 경기에서 진 팀은 자신의 몸을 신에게 바치게 되며 제사장은 피라미드 꼭대기의 신전에서 이들의 몸에서 심장을 추출하여 신에게 바친다고 하니 그야말로 구기 경기는 생과 사의 갈림길에서 치러지는 것이다.

멕시코에서는 중앙아메리카에서 많이 자생하는 파나마 고무나무가 많이 분포하고 있다. 스페인 사람들이 오기 전에도 마야인들은 고무나무에서 추출된 천연고무를 다른 식물과 혼합하여 여러 가지 고무제품을 만들어 쓰던 전통이 있었다고 한다. 구기장들이 희생제의와 관련되어 있다고 알려져 있지만 희생 의식이 아니라도 고무공을 이용한 경기들이 고대부터 다양하게 있었을 것이다.

통치자의 궁전과 두 머리의 재규어, 그리고 거북이

통치자의 궁전으로 부르는 건물은 4단의 석축을 쌓아 기단으로 삼고 그 위에 수도원의 신전과 같은 모양의 건물을 세웠다. 스페인 침략 이전의 마야 건물 중 가장 긴 건물로 꼽힌다. 이처럼 길이가 길면서 높이가 상대적으로 낮은 것은 우슈말의 모든 건물들에서 보이는 특징이다. 수도원 신전들에서와 같이 비의 신 차크신과 깃털 달린 뱀신 쿠쿨칸 등으로 상층의 프리즈 벽면을 장식하여 전체적으로 매우 화려한 외관을 보인다.

통치자의 궁전 후면과 측면. 단일 건물로는 기단부가 매우 높은 편이다. 건물의 좌측과 우측은 삼각형으로 낸 문을 가진 석실이 있는데 이를 기준으로 건물은 세 구역으로 나뉜다.

건물의 정면 프리즈 중심에는 얼굴 주위에 새의 깃털 같은 장식이 달린 신상이 있다. 스페인 침략자들은 이를 통치자의 얼굴로 이해하여 통치자의 궁전이라 불렀다고 한다. 멕시코의 여러 유적들을 돌아보면서 알게 된 것은 유적의 명칭과 유적이 가진 본래의 성격은 아무런 관련이 없다는 것이다. 모두가 유럽의 침략자들이 와서 현지 문화에 무지한 채로 붙여진 이름들이기 때문이다.

건물을 외부에서 보면 건물 좌우가 잘린 것처럼 보여 세 개의 건물 같은데 실제로는 하나의 건물이다. 위의 프리즈 부분은 아래 위로 긴 띠 장식으로 묶여 있는데 이는 뱀의 신 쿠쿨칸이다. 쿠쿨칸의 기다란 몸체는 건물의 벽면 전체를 휘감으면서 아름다운 추상화를 만들고 있다.

건물의 정면 계단 아래에는 넓은 마당이 있는데 그 중심에 인신공양과 관련된 것으로 알려진 '재규어의 왕좌'라는 석상이 있다. 몸체의 양쪽에 머리가 달렸는데 한쪽은 웅크린 듯 자세를 낮추고 있다. 두 머리의 재규어와 두 머리의 뱀 쿠쿨칸처럼 두 개의 머리를 가진 동물들이 흥미롭다. 이 재규어상을 발굴할 때 구슬이나 옥제품, 토기류, 흑요석제의 반짝이는 돌칼 등 900개가 넘는 장신구들이 발견되었다고 하는데 이 유물들은 모두 제사 지낼 때 신에게 바친 제물들이라고 한다.

255

통치자의 집 왼쪽 석실의 삼각형 출입문

대피라미드에서 본 통치자의 집

두 머리를 가진 재규어 상

프리즈의 가운데 있는
신상 얼굴을 통치자
상으로 본 스페인
사람들이 이 건물을
통치자의 집이라
이름지었다.

주지사 궁전 바로 아래에는 거북이의 집이라는 작은 건물이 있다. 이 건물은 우슈말 유적에서 가장 작은 것으로 주지사의 궁전에 부속된 건물이라는 설도 있다. 다른 큰 건물들과는 달리 정면 프리즈를 아무런 조각 장식도 없이 짧은 원기둥을 이어 붙인 형태로 단순하게 처리를 하였다. 그러나 특이하게도 지붕 슬라브 바로 아래에 가늘게 장대석을 이용하여 떠를 돌리고 떠 위에 일정 간격으로 거북이를 조각하여 붙였다. 멕시코에서 거북이는 물 숭배와 관련 있다고 한다.

마지막으로 오른 우슈말 유적의 대(大)피라미드는 나에게는 전망대와 휴식처가 되었다. 대피라미드라고는 하지만 웅장함과 짜임새의 면에서 마법사의 피라미드를 따라갈 수는 없다. 양쪽으로 아홉 개의 단으로 쌓은 석축이 비스듬하게 피라미드의 측면을 이루고 그 중앙에 피라미드 상면 폭에 맞추어 폭이 넓은 계단을 만들었다.

여느 피라미드와 마찬가지로 대피라미드의 정상에도 사원이 서 있다. 사원의 측면에는 여러 가지 조각 장식이 있는데 중심부에 앵무새로 보이는 조각이 된 석판이 끼워져 있다. 이 앵무새 조각으로 인해 이 사원은 마코 사원이라는 이름이 붙었다. 마코(Macaw)는 중남미에 주로 서식하는 앵무새 종류이다. 대피라미드는 뜨거운 햇볕 아래 넓은 유적을 다니느라 피곤한 몸을 쉴

마야 건축에서 보기 드문 단순한 형태의 거북이의 집

수 있는 좋은 휴식처이자 유적 전체를 조망할 수 있는 훌륭한 전망대이다.

6세기에 들어오면서 설립되었다는 우슈말은 유카탄의 서쪽에서 가장 강한 나라였다고 한다. 서기 900년 경 전성기에 달했고 유카탄의 소위 푸크라고 하는 넓은 지역의 중심지로서 기능하였다고 하는데 이는 이웃 치첸이트사와의 동맹에 힘 입은 바 컸다. 하지만 11세기에 들어오면서 통치자로서의 구심력을 잃었고 13세기에 치첸이트사가 몰락하자 우슈말은 더 이상 유카탄의 맹주 역할을 하지 못했다고 한다.

스페인이 들어왔을 때 우슈말은 이미 주요 도시로서의 기능을 잃고 있었다. 우슈말 같은 거대한 유적들이 스페인이 들어왔을 때 이미 오래 전에 역사가 끝난 고대 유적으로서 남아 있었다니. 이런 어마어마한 도시를 건설한 정치적, 군사적, 문화적 힘을 가지고 있었던 찬란한 문화의 끝이 어찌 이리 허망할 수 있는지 추측조차 하기 어렵다.

폐허가 된 건물 뒤로 보이는 대피라미드의 원경

왼쪽 모서리에는 차크 신의 얼굴이 있고 중심에 마코 앵무새의 석판(중앙)이 있다.

별이 쏟아지는 밤하늘을 배경으로 우슈말의 피라미드에서 라이트 쇼가 벌어진다.

16

마야 유적의 결정판

치첸이트사

이트사 족의 우물, 신성한 세노테(Cenote Sagrado)

치첸이트사(Chichén Itzá)는 지금까지 거쳐왔던 마야인들의 고대도시 유적 중에서도 가장 넓고 또 많은 수의 건물들이 여러 구역으로 나뉘어 군락을 이루고 있다. 유적의 전체 넓이는 5제곱 킬로미터에 이른다고 하니 지금까지 보았던 어떤 도시유적보다도 넓다. 하긴 대부분의 유적들이 숲속에 숨어 있으면서 아직도 아주 일부만을 보여주고 있을 뿐이니 쉽게 비교할 수는 없다.

유적 내의 건물들은 이전에 볼 수 없었던 규모의 것들이 많다. 쿠쿨칸의 피라미드는 말할 것도 없고 전사의 사원과 천문대로 알려진 카라콜 유적, 그리고 지금까지 어디서도 볼 수 없었던 규모의 구기장 등은 가히 마야 유적을 대표한다고 해도 지나치지 않을 것이다. 테오티우아칸에서 시작된 마야 유적 순례는 이제 치첸이트사에 와서 정점을 찍는 것 같았다. 같은 성격의 것으로 보이는 건축물들이 한 곳에 모여 집단을 이루고 있는데 하루에 다 돌아보는 것은 힘도 들고 또 시간도 부족했다. 내 눈에 들어온 몇 군데의 유적들을 선택해서 소개할 수 밖에 없다.

유카탄 지역에는 수많은 싱크홀들이 있다. 이 싱크홀은 지하수가 지상으로 노출되어 만들어진 것으로 작은 것은 지름이 10미터 이내, 지면에서 수면까지의 깊이가 4~5미터의 것들도 있지만 큰 것은 지름과 깊이가 수십 미터에

우물처럼 원형으로
꺼진 싱크홀,
세노테 사그라도

이르는 것도 있다. 유카탄에서는 이러한 싱크홀을 세노테라고 부른다. 세노테들은 지역 주민들에게 충분한 물을 공급해주기 때문에 농업이 크게 발전할 수 있었고 그에 따라 주민들의 생활도 풍요로울 수 있었다. 따라서 주민들은 비의 신 차크가 세노테에 산다고 생각했고 그래서 대부분의 세노테는 신성한 장소가 되었다.

치첸이트사라는 말은 '이트사 우물의 입'을 뜻한다고 한다. 이트사는 유카탄 반도 북부의 유력 부족이라고 하니 치첸이트사는 바로 유카탄 지배 부족의 우물을 의미하는 것이다. 여기서 말하는 우물이 바로 세노테이다. 대표적인 것으로 세노테 사그라도를 들 수 있는데 지름이 60미터이고 지상에서 수면까지는 27미터의 수직 절벽으로 이루어진 어마어마한 싱크홀이다. 치첸이트사라는 명칭은 이 세노테 사그라도에서 유래되었을 것이다. 그래서 세노테 사그라도는 치첸이트사에서 가장 깊숙한 곳에 위치하고 있지만 이야기를 여기서부터 시작하고자 한다.

치첸이트사 경내의 북쪽 깊숙한 곳에 숨듯이 자리하고 있는 세노테 사그라도는 유카탄 지역에서 가장 큰 규모이며, 당연히 유카탄에서 대표적인 신성한 장소로 인정받고 있다. 사그라도는 신성하다는 뜻이다. 가뭄이 들면 마야인들은 세노테에 인신공양을 하는 것은 물론 금이나 다른 보석들, 그리고 귀중한 물건들을 세노테에 집어넣었다.

1894년 미국 영사였던 에드워드 톰슨은 유카탄에 와서 치첸이트사 유적이 포함된 아시엔다 치첸(Hacienda Chichén) 지역을 구입하고 30년 동안 치첸이트사 유적을 조사했다. 특히 그는 1904년부터 1910년까지 세노테 사그라도의 바닥을 준설했는데 수많은 보석 가공품과 직조물, 목제품 등을 찾아냈다.

그 후 미국의 카네기 연구소와 멕시코 정부의 조사에서 많은 자료들이 출토되었다. 세노테 사그라도에서는 성인과 어린아이의 유골 40여구가 나왔으며 금, 비취, 코팔, 도기, 흑요석, 고무, 직물 등 수천 점의 유물이 출토되었다고 한다. 피라미드 위의 신전에서 사람의 심장을 꺼내 바치는 것처럼 사람들은 가뭄이 들면 이 세노테에 인신공양은 물론 보석을 비롯한 값진 물건을 바쳤던 것이 확인된 것이다.

치첸이트사에 쿠쿨칸 피라미드를 비롯한 수많은 건축물들이 있어도 치첸이트사를 상징하는 유적은 당연히 세노테 사그라도라 할 것이다. 치첸이트사

벽체와 앞쪽의 기둥만 남은 에키스톨록 사원. 사원 오른쪽 뒤로 같은 이름의 세노테가 있다.

라는 말 자체가 그대로 세노테 사그라도를 지칭하는 것임은 물론 그 안에서 나온 유물로 보아서도 치첸이트사를 대표하는데 부족함이 없기 때문이다.

치첸이트사 경내의 남쪽에도 에키스톨록(Xtoloc)이라는 세노테가 있는데 그 옆에도 작은 규모의 신전이 있다. 신전 내부의 중심에 제단이 있고 식물이나 새, 신화의 장면을 새긴 부조 장식도 있다. 또 사람의 뼈가 담긴 그릇이 바닥에서 나왔다고 하니 여기서도 인신공양이 행해졌던 것으로 보인다.

깃털뱀의 신전, 쿠쿨칸 피라미드

지금까지 마야의 여러 유적을 방문할 때마다 가장 많이 맞닥뜨린 것은 소위 쿠쿨칸이라는 뱀 신이다. 앞의 다른 유적지에서도 여러 차례 보았듯이 쿠쿨칸이란 말은 머리에 깃털이 붙은 뱀이란 뜻이다. 쉽게 말을 만들자면 '깃털뱀'이라고 할 수 있다. 마야의 유적 어느 곳을 가도 쿠쿨칸과 만나게 되는 것을 생각해보면 마야의 고대 도시들은 깃털뱀의 세상이다.

마야 문화는 멕시코 뿐 아니라 멕시코에 인접한 과테말라 등 중미 전체에 분포된 문화이며 따라서 쿠쿨칸은 대부분의 중미 거주민들에게 숭배되어 온 신이다. 뱀의 주된 표현은 주로 머리에서 나타나는데 이는 지역마다 조금씩 다

석양이 피라미드 뒤의 구름을 붉게 물들인다. 깃털뱀이 승천하는 듯한 기운이 피라미드 위로 감도는 듯하다.
쿠쿨칸 피라미드의 동쪽면(왼쪽)과 북쪽면. 북쪽이 피라미드의 정면이다.

르다고 한다. 쿠쿨칸에 대해서는 다양한 해석들이 있지만 마야인들이 받들었던 모든 신들 중 최고의 신이라는 데 대해서는 의견이 일치하는 것 같다.

치첸이트사 유적에서 가장 크고 유적 전체의 대표성을 띠는 것은 단연 쿠쿨칸 피라미드라 할 수 있다. 정상부의 신전으로 오르는 계단 양쪽에 설치된 거대한 쿠쿨칸으로 인해 붙은 이름이다. 그러나 또 엘카스티요라는 이름도 있는데 카스티요는 성채라는 뜻이다. 아마도 이곳을 처음 찾은 스페인 사람에게 거대한 성채처럼 보였기 때문이었을 것이다.

피라미드의 높이는 신전까지 포함하여 30미터이고 신전을 제외하면 24미터이다. 또 밑면의 한 변도 55.3미터나 된다. 테오티우아칸의 태양의 피라미드에는 못 미치지만 어마어마한 규모다. 우슈말의 마법사의 피라미드에서 본 것처럼 쿠쿨칸 피라미드도 작은 피라미드에서부터 시작하여 증축이 거듭되어 지금 보는 것과 같은 큰 규모로 완성되었다. 최근의 조사에서는 세 개의 작은 피라미드가 쿠쿨칸 피라미드 속에서 확인되었다고 한다. 피라미드가 사용된 기간이 8세기에서 12세기에 이른다고 하니 적어도 400년 동안 여러 차례의 증축이 있었을 것이다.

중앙 계단의 아래쪽 지면에 입을 벌리고 혀를 길게 내민 쿠쿨칸의 머리가 있다.
머리 측면으로 새의 깃털 같은 장식이 보인다.

　피라미드는 사방으로 신전에 오르는 계단이 설치되어 있지만 북쪽의 신전 문이 세 개로 구성된 것을 보면 북쪽이 정면이라 할 수 있겠다. 북쪽을 제외한 나머지 세 방향의 계단들은 훼손된 부분이 많으나 북쪽 계단만은 깨끗하게 복원되어 원래의 모습을 볼 수 있다. 북쪽 계단을 정면에서 마주 보면 계단 양쪽에 설치된 긴 소맷돌은 깃털뱀 즉 쿠쿨칸의 몸이고 소맷돌이 땅에 닿는 곳에 쿠쿨칸의 머리가 있다.

　쿠쿨칸은 신전에서 내려와 몸을 똑바로 편 채로 머리를 광장의 땅에 대고 아가리를 벌린 채 신전에 오르는 제관들을 맞이한다. 제관들이 신전으로 올라가려면 입을 벌린 쿠쿨칸의 머리 사이를 지나게 된다. 신전에 도달하기까지 쿠쿨칸의 몸이 계단 양쪽에서 제관들을 호위한다.

　이 피라미드가 사람들에게 가장 큰 흥미를 주는 것은 계단의 갯수가 갖는 숫자의 의미이다. 사방에 설치된 중앙계단의 수는 각각 91개이다. 이의 총합은 364개이며 정상부 신전에 오르는 계단을 합하면 365개로 태양력에서의 일년의 날수와 일치된다. 마야인들이 천문 관측을 전문적으로 하고 있었다는 것은 여러 유적이나 기록에서 확인되지만 그것이 이처럼 수치로 증명되는 것은 다른 데서는 찾아볼 수 없다.

또 하나, 춘분 날 오후가 되면 아홉 단으로 이루어진 피라미드 모서리의 그림자가 중앙 계단의 소맷돌 측면에 드리워진다. 이 그림자와 광선이 닿은 소맷돌 측면이 서로 어울려 마치 뱀처럼 구불거리는 형상을 볼 수 있다는데 춘분 날에는 이 광경을 보려고 수많은 관광객이 이곳에 몰려든다고 한다.

거대한 몸집의 쿠쿨칸은 비의 신 차크물과 함께 등장하며 대지 위의 특별한 존재로서 숭배받아 왔다. 두려움의 대상이면서 한편으로 사람들을 보호하기도 한 전능한 존재였을 것으로 생각된다. 그래서 신전 꼭대기에 꼬리를 두고 머리를 땅으로 내려놓은 쿠쿨칸은 마치 사람 사는 세상의 평안과 풍요를 위해 피라미드 위의 신의 세계와 땅 위의 사람의 세계를 온몸으로 연결하며 소통시키는 존재로서 그의 절대 능력을 발휘했을 것이다.

쿠쿨칸은 동아시아 문화 속의 용과 같은 존재이다. 용은 상상의 동물이지만 물을 상징하고 농사에서 풍요로운 결실을 맺어준다. 또 하늘을 날며 사람들이 어려움에 처했을 때 구원자로 등장하는 존재이다. 이런 점에서 마야의 쿠쿨칸이 모든 신의 정점에 있고 마야인들에게 농업을 가르친 신이라고 하는 것은 바로 우리가 상상하는 용의 존재와 일치되어 무척이나 흥미롭다.

최근의 조사는 이 피라미드가 지름 25~35미터에 이르는 큰 규모의 세노테 위에 세워졌다는 것을 밝혀냈다. 이는 이 쿠쿨칸의 피라미드가 용과 같은 성격을 갖는 깃털뱀이 승천한 신성한 자리에 세워진 것임을 증명하는 것이 아니겠는가?

차크물의 무덤, 샛별 제단

비너스 플랫폼이라는 이름이 붙은 돌로 쌓은 건조물은 편평한 방형의 윗면을 가진 단순한 구조물이다. 마야인들은 마야 달력을 만드는데 금성의 관측을 중요한 수단으로 삼았다고 한다. 이 단순한 구조물의 이름 비너스 플랫폼은 바로 금성을 관측하기 위한 곳이라는 가설 위에서 붙여진 이름이다. 말을 바꾸면 샛별 제단이라는 뜻이다.

별로 높지 않은 샛별 제단은 규모에 걸맞지 않게 윗면으로 오르는 계단이 사방에 설치되어 있다. 조금 떨어져 제단을 보면 제단 전체를 완성된 건축물

샛별 제단의 정면과 모서리에서 본 모습. 측면의 면석에는 재규어, 독수리, 뱀, 인물상 등의 조각이 있다.

로 보기에는 좀 어색한 점이 있다. 그러한 느낌은 샛별 제단이 마치 건축물의 기단부처럼 보이기 때문이다. 제단은 넓은 광장 건너편으로 치첸이트사를 대표하는 쿠쿨칸 피라미드와 마주하고 있다. 그래서 이 제단이 쿠쿨칸 피라미드와 어떤 연관성이 있지 않을까 하는 생각도 잠시 들었다. 계단의 위쪽 끝에 설치된 쿠쿨칸의 머리 뒤로 피라미드를 보면 둘이 무엇인가 관계를 맺고 있다는 생각이 자연스레 머릿속에 들어온다.

이 제단이 치첸이트사의 모든 유적들과 다른 특이한 점 한 가지는 방향성이다. 유적 지도를 보고 나는 샛별 제단의 방향이 다른 건물들과 다른 점이 있음을 확인하게 되었다. 그것은 치첸이트사 내의 모든 건축물들이 장축 방향을 북북동 – 남남서로 두고 있는 것과 달리 샛별 제단만이 유일하게 네 변을 동, 서, 남, 북으로 향하게 하였다는 것이다. 이것은 천체 관측과 관계있을 수 있다고 생각된다. 이로 보아 이 제단에서 샛별을 관측했다는 것은 사실일지도 모르겠다.

또 하나, 이 제단이 흥미를 끄는 것은 제단을 해체했을 때 제단을 쌓은 돌

샛별 제단의 계단 위에 튀어나온 쿠쿨칸의 머리 뒤로 쿠쿨칸 피라미드의 신전이 보인다.

속에서 비의 신인 차크물 석상이 나왔다는 것이다. 그래서 제단은 '차크물의 무덤'이라 부르게 되었다. 차크물은 마야의 많은 유적에서 만날 수 있으며 치첸이트사에서만도 14개나 확인되었다고 한다. 차크물은 상체를 뒤로 비스듬히 눕히고 두 다리를 모은 채 종아리를 수직으로 세워 불안정한 자세를 취한 인물상이다.

멕시코시티의 템플로 마요르 유적에서는 울긋불긋한 채색이 원래대로 남아 있는 차크물 석상을 보았었다. 템플로 마요르의 석상은 배 위에 넓적한 그릇을 두 손으로 받치고 있는데 여기에 인신공양으로 바쳐진 희생자의 심장과 피를 포함한 여러 제물을 담았다는 설이 있다. 그래서 차크물은 인신공양과 관계있는 것으로 보는 것이 지배적이다.

그런데 이 차크물 석상이 왜 제단 위에 있지 않고 제단 속에서 나온 것일까? 이것은 폐기된 차크물일까? 여기서 출토된 차크물은 건축물의 외부에 있던 것들과 달리 매우 깨끗하게 보존되어 있었다. 현재 멕시코시티 국립 인류학 박물관에 전시되어 있는 이 차크물 석상은 팔과 다리에 끼워진 장신구들의 세부 무늬들까지 섬세하게 묘사되었다. 또한 정교하면서도 한편으로는 단순한 형태의 아름다움을 지닌 작품이다. 차크물 석상이 이처럼 깨끗한 상태로 제단 속에 들어 있었다는 것은 그것이 폐기된 것이 아님을 말해준다. 그렇다면 아마도 샛별 제단을 만들면서 행한 특별한 종교적 의식과 관련될 가능

성이 있다고 보아야 하지 않을까?

제단 옆에는 형태를 잘 알아볼 수 없을 정도로 풍화가 심한 차크물 석상 하나가 있었다. 여러 유적을 다니면서 이처럼 가까이서 볼 수 있는 차크물은 이것이 유일했는데 마모가 심해서 자세한 형태가 보이지 않는다는 것이 유감이었다.

샛별 제단의 사방에 있는 계단석 옆면에는 재규어, 독수리, 뱀, 인물상 등이 새겨져 있다. 이들은 대체로 신화 속에 등장하는 동물과 사람이라고 하는데 그중에는 금성으로 해석되는 그림도 있다. 아마 이 그림으로 인해서 이 제단을 샛별 제단 즉 비너스 플랫폼이라고 부르게 되었을 것이다. 샛별 제단과 거의 유사하게 생긴 또 하나의 제단이 인접하여 있는데 재규어와 독수리의 제단이다. 그 제단의 측면 면석에 재규어와 독수리의 그림이 있어서 붙은 이름이다. 제단 상면의 바로 밑에는 마치 차크물 같은 자세를 취하고 비스듬히 누운 인물상이 있다.

그림들 중에서 특별하게 나의 눈을 끄는 것이 있었다. 그것은 재규어 상이었는데, 얼핏 그것을 보았을 때 나는 우리 민화의 까치 호랑이를 보았다고 생각했다. 물론 그것은 호랑이도 아니고 까치 같은 새도 수반되지 않았다. 그러나 재규어가 앉아 있는 모양이나 수직으로 올라간 꼬리 등은 영락없는 까치 호랑이 그림 속의 호랑이였다.

재규어와 독수리의 제단

재규어와 독수리의 제단 측면 면석의 그림들. 위에는 차크물과 비슷한 자세를 취한 두 인물상이 있고
아래는 까치 호랑이 그림을 연상하게 하는 재규어상과 독수리 상이 있다.

샛별 제단의 측면에 새긴 그림들. 위에는 쿠쿨칸으로 보이는 조각과 작은 물고기 모양을 볼 수 있고 아래는 정면을 향한 인물상이 있다. 오른쪽엔 금성으로 해석되는 십자형 도형이 보인다.

이 면석에 새겨진 그림에 등장하는 동물이나 인물의 입을 자세히 보면 모두 끝이 두 가닥으로 갈라진 뱀의 혀가 밖으로 길게 나와 있는 것을 볼 수 있다. 이는 신성한 쿠쿨칸의 특징을 혼합하여 묘사함으로써 신화 속의 동물과 사람을 신성한 존재로 표현한 것으로 보인다.

마야 문화는 여러모로 우리에게 친숙한 요소들을 많이 지니고 있었다.

이렇게 많은 사람을 바쳐야 했나? 두개골의 제단 촘판틀리

샛별 제단 옆으로 긴 쪽의 길이가 60미터나 되는 높직한 제단은 측면이 모두 두개골로 채워져 있다. 아스텍의 언어 곧 나우아틀 말로는 촘판틀리라고 하는데 이는 두개골의 선반이나 두개골의 벽이란 뜻을 가졌다고 한다.

처음 촘판틀리는 나무 기둥을 세워 벽을 만들고 그 속에 두개골을 넣은 형태의 구조물을 가리키는 말이었다. 그러한 형태의 촘판틀리는 멕시코시티의 템플로 마요르 유적에서 실제 발굴된 것이 있으며 그곳에서 나온 촘판틀리에서는 650개 이상의 진짜 두개골이 나왔다고 한다. 템플로 마요르에서는 치첸이트사에서처럼 측면 벽에 두개골을 조각한 두개골 제단도 발견되었다.

두개골 제단의 바로 옆에는 구기장이 있다. 구기장에서 거행된 경기에서 이

재규어와 독수리의 제단과 인접해 있는 두개골의 제단

맨 위와 아래의 두개골 층은 아래 위로 몰딩 처리가 되어 있어 눈길을 뜬다.
가운데 줄에 있는 두개골 중에는 머리 위에서 턱 밑으로 말뚝이 박혀 있는 것이 보인다.

긴 팀의 주장이 진 팀 주장의 심장을 꺼내 신에게 바쳤다고 하는데 그렇게 신에게 바친 사람의 머리를 자르고 그 두개골을 이 제단에 두었다는 설이 있다.

제단의 측면은 네모난 돌을 벽돌 쌓듯이 쌓았는데 모두 다섯 층 중에서 맨 밑층을 제외하고 위의 네 층은 모두 두개골을 조각하였다. 어떤 것은 돌 하나에 두개골 하나가 조각된 것도 있으나 어떤 것은 장방형의 돌에 두 개의 두개골이 새겨진 것도 있고 또 어떤 두개골은 두 개의 돌에 절반씩 새겨져서 이어 붙인 것도 있다. 이러한 벽석의 구성은 벽석을 먼저 쌓고 두개골을 나중에 조각하였음을 보여준다.

조각된 두개골들은 모두 오른쪽을 향하고 있다. 처음 이것을 보았을 때 동향이나 남향 등 절대적 방향과 관련 있는가? 하고 생각했으나 제단의 사방을 돌아가면서 조각이 되어 있는 것을 보면 절대적 방향보다는 좌우와 관련 있는 것으로 보인다. 이들이 모두 오른쪽을 향하고 있다는 것이 무슨 의미가 있는지 알 수 없으나 수백 개의 두개골이 모두 오른쪽을 향하고 있다는 것은 어떤 의도가 있다고 보아야 할 것이다.

네 층으로 겹쳐 쌓은 두개골들은 맨 위와 맨 아래층은 약간 튀어나와 있고 돌의 위와 아래에는 도드라진 몰딩 처리가 되어 특별한 구역의 표시를 하였다. 이것은 제단 면석의 디자인 상의 문제같기도 하지만 거기에 새겨진 두개골의 의미가 특별한 것일 수도 있겠다는 생각이 들었다.

두개골 중에는 머리 위에서 턱 밑으로 막대기 같은 것이 꽂혀 있는 것이 보인다. 이러한 표현은 두개골에 구멍을 뚫어 나무 기둥에 꿰어 보관했다는 촘판틀리의 초기 형태를 구체적으로 보여주는 것이라 한다. 이는 흥미로우면서도 한편으로는 끔찍하다는 생각을 지울 수 없다. 두개골들을 가만히 보고 있으면 그들이 마치 웃고 있는 것처럼 보인다. 신에게 제물로 바쳐진 것을 기쁘게 받아들이고 있음을 표현한 것인가? 아니면 두개골의 형상이 본래 그런 모습인가?

두개골의 제단을 돌아나가면 바로 재규어의 사원을 만난다. 재규어의 사원이란 이름은 아래층의 두 기둥 사이에 재규어 석상이 있어 붙은 이름이다. 이 재규어 상은 등을 편평하게 하여 사람이 앉기 편하게 디자인되었다. 쿠쿨칸 피라미드의 신전에서도 이와 거의 같은 형태의 채색된 재규어 상이 나온 바 있는데 재규어 왕좌라고 부른다.

아래층 재규어 사원

재규어 사원 아래층의 재규어 상. 등을 편평하게 깎은 것으로 보아 사람이 앉도록 한 의자로 보인다.

이러한 재규어 석상의 의자는 왕의 자리인가? 그보다는 신의 자리라고 해야 더 설득력이 있을 것으로 생각했다. 사원은 위와 아래 두 층으로 구성되어 있는데 아래층에는 재규어 상이 있고 위층에는 아래층 신전의 반대쪽을 향하여 두 개의 원기둥을 가진 사원이 있다. 위층으로 올라갈 수 없으니 위층의 사원을 보려면 대(大)구기장으로 들어서야 한다. 재규어 사원의 위층 사원은 구기장 동쪽 벽의 상부 테라스에 있다. 이 사원은 크게 보면 아래층의 재규어 사원과 하나의 구조 속에 포함된다고 볼 수 있으나 엄밀히 본다면 서로 다른 사원으로 보아야 할 듯하다.

서향을 하고 있는 사원의 정면에는 두 개의 기둥이 있고 기둥 아래에는 쿠쿨칸의 머리가 있다. 이로 보아 기둥 전체도 쿠쿨칸의 몸체라고 해야 할 것이다. 기둥 위쪽의 정면 프리즈에는 쿠쿨칸의 긴 몸이 서로 S자 형으로 교차하여 얽혀 있고 구기 경기에서 사용하는 것인 듯한 원이나 한 발을 들고 걷는 재규어 등이 매우 정교하게 새겨져 있다.

마야 최대의 대구기장

치첸이트사에는 모두 13개의 구기장이 확인되었다고 하는데 지금 소개하는 대구기장을 제외하면 지금까지 야슈칠란이나 우슈말 등의 유적에서 보았던 구기장들과 비슷한 형태거나 그보다 작은 크기를 가진 것들이다. 그 대부분은 관광객들이 직접 볼 수 없다. 치첸이트사에 왜 구기장이 이렇게 많이 있었는지는 잘 알 수 없다. 구기장에서 벌어지는 경기는 단순한 공놀이 경기가 아닌 신에게 인신공양을 하기 위한 제의의 한 과정이었다고 하지만, 많은 수의 크고 작은 구기장이 한 지역에 분포되어 있는 것을 보면 제의적 목적만은 아니었을 것 같았다.

쿠쿨칸 피라미드의 북쪽으로 펼쳐진 광장의 넓은 면적을 차지하는 대구기장은 길이가 168미터 폭이 79미터나 되는 엄청난 크기이다. 축구장의 두 배가 넘는다. 공을 넣는 골대가 달린 양쪽의 벽은 높이가 8미터나 된다.

구기 경기를 하는 방식은 팔과 발을 사용하지 않고 어깨나 가슴 허리 엉덩이 등을 이용하여 공을 골대에 집어넣는 것인데, 8미터나 되는 높은 곳에 달

북쪽 수염난 남자의 사원을 향해 보는 대구기장 전경. 양쪽 벽 높이 공을 집어 넣는 골대가 매달려 있다.

대구기장 양쪽 벽 위에 설치된 고리모양의 골대.
두 마리의 쿠쿨칸이 머리를 마주대고 대결하고 있다.
윗턱에서 내려오는 날카로운 송곳니와 하늘로 치켜 올린
갈라진 혀가 인상적이다.

대구기장 측면 벽의 아래쪽 부조 부분과 수직벽과
부조 경사면의 경계를 이루고 있는 쿠쿨칸의 몸체와 머리

린 골대에 어떻게 공을 넣을 수 있었는지 상상하기 어렵다. 당시 사용하던 고
무공의 탄력이 꽤 컸을 것으로 생각된다.

둥근 고리모양의 골대는 돌로 만든 것이며 두 마리의 쿠쿨칸이 서로 얽힌
채 머리를 마주대고 있다. 아가리를 최대한으로 벌린 형태로 아랫니와 윗니가
길게 뻗쳐 있는데 끝이 갈라진 혀가 윗니를 지나 하늘을 향해 마치 분수처럼
솟구쳤다. 골대의 디자이너가 가히 당대 최고 수준의 예술가였음을 보여준다.

골대가 붙은 경기장의 양쪽 벽의 아랫부분은 벽면을 비스듬하게 경사지게
만들고 구기경기와 관련된 다양한 조각이 되어 있다. 이 경사면과 골대가 붙
은 수직벽의 경계에는 둥글고 긴 쿠쿨칸의 몸이 경계선을 만들고 있고 그 남
쪽 끝에 쿠쿨칸의 머리가 있다. 이 머리는 지금까지 본 쿠쿨칸의 머리 중에는

대경기장의 북쪽 수염난 남자의 사원

가장 큰 것이 아닌가 한다. 경사면에서는 무사 복장을 한 인물들과 쿠쿨칸 그리고 구기 경기의 모습 등을 구체적으로 볼 수 있다.

구기장의 남쪽과 북쪽에는 신전이 있다. 남쪽의 신전은 훼손이 많이 되어 원형을 알아보기 어렵고 북쪽의 신전은 양쪽 벽면과 비슷한 높이로 경기장에서 보면 마치 천상의 신전처럼 아득히 올려다 보인다. 신전의 석실 전면은 두 개의 원기둥이 서 있다. 기둥 앞에 서면 경기장을 향해 시야가 탁 트여 경기의 진행 광경을 잘 볼 수 있다.

신전의 두 기둥과 뒷 벽은 얕게 새겨진 부조 그림들로 꽉 차 있다. 벽의 상단에는 붉은색 안료의 채색 흔적이 남아 있다. 그 아래의 벽면에도 약간 붉은색의 흔적이 보이는 것으로 미루어 부조들은 화려한 채색으로 장식되었을 것이라고 짐작된다. 신전의 위치는 경기를 주관하고 승자와 패자에 대한 판정과 그에 따른 조치를 취한 신관 또는 정치적 종교적 지도자의 자리였을 것이다.

사원 뒷 벽에는 부조로 새긴 그림들이 가득차 있는데 대부분 풍화되어 거의 남아 있지 않다. 그러나 한복판에는 아직도 뚜렷하게 그림이 남아 있다. 망원렌즈로 촬영된 사진 속에는 턱수염을 가진 남자의 얼굴이 분명하게 확인되었다. 그런데 이 얼굴의 턱수염은 정말 턱수염일까? 내 보기에는 별로 그렇게 보이지는 않는데 어쨌든 사원의 이름은 이 얼굴의 턱 아래 붙은 것이 수염이라고 본 사람들에 의해 수염 난 남자의 사원이 되었다.

이 사원에서 행하여진 신관의 선언에 의해, 진 팀은 머리가 잘려 촘판틀리의 제단으로 가거나 아니면 쿠쿨칸의 피라미드 신전에서 심장이 꺼내졌을 것이다. 경기의 결과를 상상해보면 경기장의 뛰어난 예술적 가치는 그곳에서 벌어진 일들의 끔찍한 생각 속에서 산산이 부서지고 만다.

천 개의 기둥을 가진 전사의 사원

쿠쿨칸 피라미드 앞 광장의 동편으로 피라미드 형의 구조물 위에 차크물 석상이 보이는 사원 유적이 보인다. 피라미드 위 넓은 테라스에는 수직으로 선 반듯한 두 개의 벽면이 양쪽으로 갈라서 있고 벽면의 끝으로 쿠쿨칸의 머리 조각이 벽 밖으로 튀어나와 있다. 두 벽의 사이 공간에는 벽면 높이 만큼 높은 기둥들이 두 줄로 늘어서 있고 기둥 사이에는 비의 신 차크물 석상이 비스듬히 누워있는 것이 보인다. 차크물 석상이 있다는 것은 인신공양이 행해졌음을 추측할 수 있다. 전사의 사원 뒤쪽으로 소규모의 구기장이 있는데 이 역시 인신공양과 관련되는 것이 아닌가 생각했다. 차크물 석상 뒤로 큰 규모의 사원이 있었음을 보여주는 기둥들이 보였다.

그 사원의 밑으로는 사각형과 원형의 기둥들이 여러 줄 열과 행을 맞추어

전사의 사원 원경.
줄지어 선 기둥들 뒤로
피라미드가 보이고 그 위
테라스에 사원의 벽과
기둥 그리고 차크물
석상이 보인다.

사원을 호위한다. 사원 안으로 접근할 수는 없어도 저만치 떨어져서 사원 밑에 도열한 기둥들을 보는 것만으로도 사원은 엄청난 감동을 준다. 이 기둥들은 위에는 지붕이 얹혀 있었을 것으로 생각되지만 그냥 기둥 자체가 줄지어 배치된 것만으로도 신전을 더욱더 신성하게 보이도록 한다.

유럽에서 건너온 사람들은 서양 고대 건축에서 많이 보이는 소위 콜로네이드라고 하는 구조가 마야 고대 건축에 그대로 나타나고 있어 흥미롭게 생각하였을 것이다. 이러한 열주들의 행진을 보면서 나는 자연스레 불국사나 삼국시대 건축에서 많이 볼 수 있는 회랑 구조를 떠올렸다. 물론 중국과 일본의 고대 건축에서도 볼 수 있다. 그러나 이곳 치첸이트사에서의 경우처럼 천 개의 기둥이라 불릴 만큼 수많은 돌기둥들이 열과 행을 맞춰 도열해 있는 모습은 다른 어디서도 찾을 수 없다.

기둥 하나하나에는 전사의 모습이 많이 새겨져 있다. 이 사원이 실제 사용되고 있을 당시 사원으로 오르는 사람들은 수많은 전사 즉 군인들이 도열해 서 있는 사이를 걸어 사원으로 오르는 것처럼 느꼈을 것이다. 경건한 마음이 얼마나 가슴속에 가득했을 것인가? 기둥에 새긴 전사들로 인해 사원은 전사의 사원이라 불리게 되었다. 멀리서 본 사원의 중앙 계단 위에는 두 줄로 늘어선 기둥들이 보인다. 맨 앞의 두 기둥은 쿠쿨칸의 몸체로 되어 있다고 한다. 기둥 사이 맨 앞에는 차크물 석상이 있다. 차크물 뒤로는 많은 기둥들이 있어 본래 상면 테라스에 큰 규모의 신전이 서 있었음을 알 수 있다. 그러나 지금 신전 위로 올라갈 수 없어 그 모습을 실제로 볼 수는 없다.

피라미드 상면 테라스의 기둥 사이에 누워 있는 차크물 석상. 기둥 아래로 쿠쿨칸의 벌어진 입 윗턱이 보인다.

피라미드 상면 테라스 위에 우뚝 선 사원 벽은 흰 화강암으로 정갈하게 다듬어졌다. 정면의 양쪽 벽과 측면 벽에는 비의 신 차크의 얼굴 가면이 중앙부와 모서리에 중첩된 형태로 새겨져 있으며 벽면 양쪽에 쿠쿨칸 입으로 사람을 토해내는 듯한 형태의 조각이 있다. 그러나 사람을 토하는 듯한 쿠쿨칸의 입을 둘러싸고 있는 배경의 그림은 대지를 힘차게 딛고 선 독수리의 모습처럼 보이기도 하는데 이는 독수리와 쿠쿨칸이 한 몸으로 표현된 것인가? 아니면 쿠쿨칸이 깃털 달린 뱀이란 뜻이니 깃털 달린 뱀을 정면에서 묘사한 것인가?

카라콜 가는 길의 제단들

전사의 사원을 지나 남쪽으로 내려가면 숲속 여기저기에 많은 건물들이 보인다. 이 건물들은 각각 여러 개의 무리를 이루며 분포되어 있는데 하루 동안 돌아보는 치첸이트사 유람으로는 일일이 들어가 볼 엄두가 안 난다. 그래서 숙소에서 바로 마주 보이는 천문대처럼 생긴 건물을 찾아 그쪽으로 방향을 정하고 걸음을 옮겼다. 천문대처럼 보이는 건물은 카라콜이라고 표기되어 있다. 카라콜로 가는 길의 주변에서 첫 번째로 주목한 것은 오사리오 피라미드

줄지어 선 원형 기둥 사이로 나오는 한 아이가 마치 고대와 현대의 경계를 넘는 듯하다.

열주들 뒤로 전사의 사원이 우뚝 서있다. 햇빛을 받은 사원 벽이 스크린처럼 빛난다.

쿠쿨칸이 사람을 토해내는 듯한 모양의 돌조각. 벌어진 입의 배경은 마치 뱀이라기 보다는 독수리처럼 보인다.

열주 사이로 보이는 피라미드 상부의 쿠쿨칸 머리와 인물상

라고 하는 것이다.

오사리오 피라미드는 대제사장의 사원이라고도 하는데 외형은 쿠쿨칸 피라미드와 판박이다. 사방에 정상부 신전으로 오르는 계단이 있고 계단의 양쪽 소맷돌은 쿠쿨칸 뱀신의 몸이다. 쿠쿨칸의 머리는 입을 벌린 채로 땅바닥에 닿아 있다. 또 중앙 계단의 앞에 제단으로 보이는 원형의 구조물이 있어 주목을 끈다.

정상에 신전이 있는 것도 같은데 정상부에서 피라미드 내부로 통하는 통로가 있다고 하며 통로는 지표면 아래까지 내려와 12미터 깊이의 천연동굴로 연결되었다고 한다. 또 지하의 동굴에서는 모두 7개의 무덤과 구리 방울, 수정, 조개껍질 등의 유물들이 출토되었다고 한다. 이 피라미드는 천연동굴을 무덤으로 이용하기 위해 동굴 위에 지은 특별한 유적으로 쿠쿨칸 피라미드 못지않게 신비에 싸여 있다 할 것이다.

오사리오 피라미드 앞에 서 있는 마야 문자의 비석. 문자들을 돌 하나하나에 새겨 블록 퍼즐 게임판처럼 만들었다.

카라콜 가는 길의 끝에는 라스 몬하스 콤플렉스(Las Monjas complex), 번역하면 수녀원 건물군이라고 할 수 있을 화려한 건물들이 있다. 수녀원 건물군이라고 했으나 마야 역사에 수녀가 있을 리 없다. 우슈말에서도 수녀원이라는 이름의 건물이 있었다. 스페인 사람들은 마야의 유적을 보면서 자신들이 알고 있는 경험과 지식을 이들 유적에 가져다 붙여 이런 이상한 이름들이 생긴 것이다.

어쨌든 이 건물들은 치첸이트사에서 매우 화려한 외부 장식을 한 건물들이다. 이곳에 도착했을 때 나는 이미 더위에 치쳐 허덕이고 있었다. 이 건물이 상당히 대단한 것 같았지만 그냥 그늘에서 쉬어야만 했다. 나중에 자료를 찾아보니 이 건물에서 치첸이트사를 통치했던 사람은 카쿠파칼 카윌(K'ak' upakal K'awiil, 869~890)이라는 사람이었다. 그는 치첸이트사를 다스린 왕 중

이곳에 처음 온 스페인 사람들이 수녀원으로 부른 건물이다. 계단 위에 사원이 있고
사원 벽의 기하학적인 조각도 관심을 끌었으나 올라갈 수 없었다.

에서 매우 중요한 인물로 평가되고 있는 듯했다.

　건물들 가운데 높은 석축과 넓은 폭의 중앙계단 만으로 충분히 감동적인
건물이 있다. 이 건물군들을 수녀원 건물군이라 부르게 된 건물군 중 중심 역
할을 하고 있는 소위 수녀원이라 부르는 건물이다. 계단 위의 사원도 규모가
작지 않게 보이는데 엄청난 높이의 단일 석축과 계단으로 인해 사원은 왜소하
게 보일 정도였다.

　수녀원 동편에도 몇 개의 건물들이 있었는데 외관의 화려함이 단연 치첸
이트사 제일이라 할 만하다. 수녀원 건물군에 속한 건물들은 일일이 찾아가
기 힘들 만큼 많은 듯했다. 들어가 볼 수 없는 곳도 많아 그냥 길 가에서 볼
수 있는 몇 개의 건물만 사진으로 남겼다.

　수녀원 건물에서 약간 떨어져 있는 소위 붉은 집 사원이라는 건물은 수녀
원 건물과 비슷하게 높은 석축 기단 위에 붉은색의 돌로 지은 것이다. 건물은
다른 건물에 비해 단순한데 뒤쪽으로 작은 구기장이 딸려 있다는 것이 주목
된다.

수녀원 동쪽의 건물들. 아래 위층 벽면의 조각이 매우 화려하다.

붉은 해로 작별인사를 해준 카라콜 천문대

처음 치첸이트사의 호텔에 도착했을 때 나는 배낭을 둘러멘 채 카라콜 건물 (El Caracol)을 넋을 잃고 보았었다. 장미꽃밭 뒤에서 푸른 하늘을 배경으로 서 있는 돔 모양의 돌 건물은 천문대로밖에 달리 볼 수 없었다. 마야 고대 사회에 이런 현대적 천문대가 있다니? 생각해보면 고대의 천문대가 현대의 천문대를 닮았다는 것이 이해되지 않았다. 그래서 아마 저건 그냥 천문대를 닮은 종교 건축의 하나일 것이라고 생각했다.

카라콜은 달팽이라는 뜻의 스페인어다. 외부에서 보면 높은 방형 기단부 위에 세운 원형의 건물로 돔형 지붕이 있다. 그러나 이 지붕이 실제 돔이었는지는 밖에서 보고 판단하기 어렵다. 원형의 1층 위에 또 같은 형태의 2층이 있고 다시 밑면이 좁은 3층의 원형 타워가 올려진 형태이다. 다만 2층과 3층의 벽체가 많이 무너져 밖에서 보기에 마치 돔과 같은 모양으로 보인다. 달팽이라는 이름이 붙은 것은 위로 올라가는 내부 계단이 나선형으로 된 데서 비롯된 것이라고 한다.

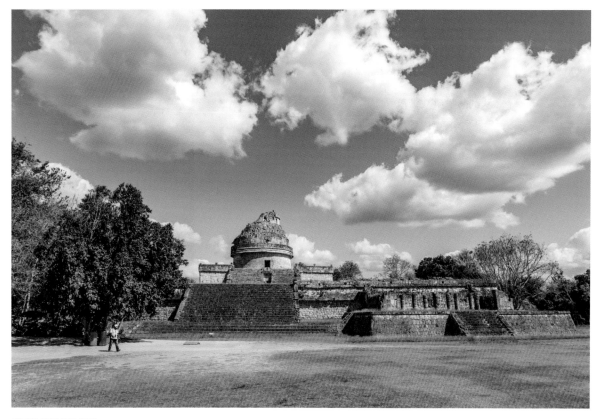

카라콜 천문대의 원경

카라콜 옆으로 붉은 해가 내려앉는다. 이 건물이 천문대였다는 것을 몸으로 보여주는 듯하다

붉은 집 사원 뒤로
작은 규모의 볼 코트가
보인다.

기단부라고 할 수 있는 높은 석축은 크게 보면 3단으로 보이는데 하부 기단 상면 한쪽에 여러 개의 기둥이 세워진 것으로 보아 건물이 있었음을 알 수 있다. 기단부 상부에 있는 석비에 의하면 906년이라는 연대가 나오는데 대체로 이 연대를 카라콜 건물의 건축 연대로 보고 있다.

카라콜은 실제로 마야의 천문대 건물이었다는 것이 오늘날 대부분 전문가들의 설이다. 마야인들의 천문관측에 대한 지식과 기술은 그들이 만든 달력으로 증명된 바 있으며 이곳 치첸이트사의 쿠쿨칸 피라미드 구조에서도 이미 잘 알려져 있다. 특히 금성이 나타나고 사라지는 과정을 통해서 일 년 주기를 알게 되고 그로써 태양력을 만들었다는 것은 이제는 대부분의 학자들도 인정하고 있다고 한다.

치첸이트사의 여러 피라미드나 제단에서 금성의 관측이 확인되고 있으니 치첸이트사 유적 답사의 끝을 카라콜 천문대에서 끝낸다는 것에는 매우 특별한 의미를 부여할 수 있었다. 카라콜 천문대 옆으로 붉은 해가 내려 앉고 있었다. 지는 해를 따라 치첸이트사의 하루가 함께 내려 앉았다.

17

마야 여행의 에필로그

툴룸

마야 유적의 미니어처, 툴룸(Tulum)

나의 마야 여행은 이곳 툴룸에서 끝이 난다.

툴룸은 지금까지 지나온 마야 고대 도시의 꼬리 부분처럼 느껴졌다. 꼬리라고 해서 대단치 않다는 것이 아니다. 용의 머리에 달린 뱀의 꼬리가 아니라 마야의 머리에 달린 마야의 꼬리다. 그래서 이 꼬리처럼 조그만 유적이 없으면 마야의 머리도 의미가 없어진다. 꼬리라는 뜻을 가진 코다(Coda)라는 음악 용어가 있다. 노래 한 곡이 끝나는 맨 마지막 부분에 붙이는, 지금까지 진행되었던 내용을 총정리하여 마무리해주는 부분이다. 나에게 툴룸은 꼭 그런 코다 같은 유적이었다.

시원하게 펼쳐진 카리브 바다를 동쪽으로 두고 남북으로 펼쳐진 툴룸 유적은 지금까지 보던 마야의 유적지와는 인상이 매우 달랐다. 바다를 끼고 있으나 바다를 정면으로 마주한 것이 아니고 오히려 등지고 있다고 할 수 있다. 유적은 나지막한 언덕 위에 있어서 유적을 정면에서 보면 바다는 보이지 않는다. 그러나 흰 구름 뜬 푸른 하늘과 유적 뒤쪽에서 들려오는 파도소리가 바닷가의 분위기를 설명해 준다.

여기에는 이전에 지나온 많은 유적지들처럼 넓은 광장을 내려보는 웅장한 피라미드도 없고 또 넓은 광장도 없다. 유적의 중심을 차지하고 있는 엘카스티요는 높이가 7.5미터로 이제까지 보았던 피라미드와 비교하면 왜소하기 짝이 없다.

남북으로 길게 펼쳐진 툴룸 유적 전경. 왼쪽 끝에 푸른 카리브 바다가 보인다.

바람신의 사원

툴룸 유적으로
들어가는 북쪽 성문.
이중으로 축조되었다.
(두께 8미터,
길이 400미터)

　유적의 뒤로는 12미터나 되는 높은 절벽이 바다로부터 들어오는 길을 막아섰고 나머지 세 면은 성곽으로 둘러싸여 있다. 이처럼 뚜렷한 성곽도시 유적도 마야 유적을 따라오면서 처음 만났다. 유적 안으로 들어가려면 지금도 좁은 성문을 통과해야 한다. 대부분의 마야 유적들이 스페인이 들어오기 훨씬 전에 폐기되었으나 툴룸에는 스페인이 들어올 때까지도 많은 사람들이 거주하고 있었다. 그만큼 이곳은 마야 사람들에게 무척이나 중요한 곳이었다.

　툴룸 유적과 바다 사이에는 높은 절벽이 경계를 지으면서 보호막의 구실을 한다. 도시가 앉은 지형은 바다 쪽이 약간 높은 언덕으로 되어 있다. 엘카스티요 신전 등 주요 건물들이 바다 바람을 막아 도시의 중심부는 아늑하게 느껴진다. 바다는 해 뜨는 동쪽이다. 중심 신전인 엘카스티요에 올라서서 떠오르는 붉은 해를 본다니 생각만 해도 신성한 감정이 가슴속에 충만해지지 않겠는가?

동쪽의 바다를 제외하면 도시 전체는 성벽으로 둘러싸여 있다. 성벽은 단면 8미터의 두터운 돌벽이다. 지금도 성문을 통과해야 유적 안으로 들어가는데 문의 폭은 사람 둘이 겨우 지나칠 정도로 좁다. 성벽으로 둘러싸인 도시는 길이 400미터, 폭 170미터 정도로 좁다. 이 좁은 성안에 중심 신전 엘카스티요를 비롯한 여러 신전들과 외부의 침입을 감시하기 위한 감시탑, 벽화가 그려진 종교적 건축물 등 다양한 건물들이 남아 있다. 그래서 건물들은 매우 작은 크기로 지을 수밖에 없었다. 작지만 있을 건 다 있다. 그래서인가? 어떤 안내서에는 마야 유적의 미니어처라고 표현하고 있었다.

이러한 철통 같은 방어벽을 가진 도시에는 원활한 용수의 공급이 필수적이다. 북쪽의 성문을 들어서면 세노테의 집이라는 건축물이 있다. 세노테는 이전에 설명한 적이 있지만 땅이 꺼진 곳에 지하수가 차올라와 만들어진 일종의 지하 연못이다. 집 뒤 지하에 세노테가 있어서 집 앞에서 세노테를 볼 수는 없지만 이 세노테의 물로 성 안의 물 공급이 가능했던 듯하다. 유카탄 지역에서는 세노테로 인하여 농업이 발달했고 도시 안의 급수도 가능했다.

그래서 도시가 만들어지고 사람이 모인 곳에는 반드시 세노테가 있기 마련이고 그것은 신성하게 받들어졌다. 세노테의 집은 용도는 정확하게 알 수

세노테의 집. 오른쪽 뒤에 성의 북문이 보인다.

없으나 세노테 위에 지어진 것으로 보아 물과 관련된 신전이 아니었을까? 마야인들은 세노테가 동굴처럼 깊이 들어가 있어서 그곳이 지하세계로 들어가는 문이라고 생각했다. 세노테의 집에서는 무덤도 발견되었다고 하는데 이곳이 지하세계, 곧 사후의 세계이고 영혼의 세계로 가는 문이라는 마야인들의 관념과 관계 있다고도 한다.

엘카스티요 신전과 하늘에서 내려오는 하강신들

툴룸의 중심은 엘카스티요라고 부르는 신전이다. 엘카스티요라는 이름의 신전은 앞서 소개했던 치첸이트사에도 있었다. 바로 치첸이트사의 중심을 차지하고 있는 쿠쿨칸 피라미드이다. 카스티요라는 말은 성채라는 뜻이다. 그래서 유적의 중심부를 차지하는 가장 큰 건축물은 성채로 부를 만큼 규모가 크기 때문에 카스티요라는 이름이 붙은 듯하다. 엘카스티요는 높이가 7.5미터 정도이니 중심 신전으로서는 매우 작은 편이다. 그리고 정면은 넓은 계단이 있고 계단 위로 신전이 서 있어서 다른 마야 유적의 피라미드들과 비슷하게 보이지만 대부분의 피라미드들이 사방 같은 형태를 가진 사각추 형태를 취하

신전에서 바라보는 카리브 바다와 백사장

엘카스티요 신전의 뒷모습과 바람의 신전

고 있는 것과 달리 양측면에는 작은 건물이 날개처럼 달려 있고 뒷쪽은 바다
를 바라보는 단순한 벽면으로 되어 있다.

신전 뒤의 절벽 밑으로 펼쳐진 백사장과 카리브의 투명한 바다는 툴룸 유
적으로 인해 그 빛을 더한다. 이 바다는 지금 휴양지로 명성을 얻고 있지만
마야인들에게는 카리브 바다의 아래 위로 연결되는 남미의 여러 나라들과 연
결되는 바닷길의 출발점이자 종착역이었다.

엘카스티요 신전에서 바다를 보면 육지에서 가까운 곳에 있는 산호초의
떠가 보이며 그곳으로 들어오는 배들을 감시할 수 있었다고 한다. 이 배들은
대부분 외지에서 물자를 싣고 들어오는 무역선들이었다. 곧, 툴룸은 멕시코
의 물자가 외부로 나가고 또 외부의 자원들이 멕시코로 들어오는 해상 무역
의 중심지였다. 무역의 중심지이니 자연히 멕시코 내륙의 물자들도 툴룸으로
모여들 수밖에 없었다. 유카탄 반도 일대의 금제품이나 도자기 향로, 플린트
제 석기 등의 출토는 이웃 나라들과 어떤 물건들을 주고받았는지 알 수 있다.

엘카스티요 신전의 기둥 위 프리즈 부분에는 흥미로운 인물 조각상이 있
다. 이 인물 조각상은 모두 신상이라고 보아야 할 것이다. 세 칸으로 나누어져
새겨진 신상은 오른쪽은 형태가 남아 있지 않고 중앙에는 거꾸로 내려오는
형태의 신상 그리고 왼쪽은 똑바로 서 있는 신상이 있다. 오른쪽은 모습을 알
수 없으나 왼쪽과 같이 서 있는 신상이 있었을 가능성이 크다.

엘카스티요 신전 정면
프리즈의 신상들.
중앙이 하강신이다.

　그렇다면 양쪽의 신상이 중심의 신상을 호위하고 있는 것으로 생각되며 가운데의 거꾸로 선 신상이 이 신전의 주인공이라고 생각된다. 이렇게 하늘에서 거꾸로 내려오는 신상은 같은 툴룸 유적 안에 있는 '하강신 신전'으로 이름 붙은 건물에서 더 분명한 형태로 볼 수 있다.

샛별에서 온 꿀벌인가?

거꾸로 내려오는 신상은 유카탄 지역에서는 치첸이트사 등 모두 네 군데의 마야 유적에서 볼 수 있다고 하는데 툴룸에서는 위에 소개한 엘카스티요 신전과 하강신 신전, 그리고 프레스코 신전 등 세 건물이 알려져 있다. 하강신상 관련 유적으로는 단연 툴룸이 으뜸이라 할 수 있다.

　마야의 전설에는 아무센캅(Ah Muu Zen Caab)이라는 신이 유카탄 지역에 꿀벌을 가져다주었다고 하며, 마야인들은 꿀벌을 사람 사는 세계와 영적 세계를 연결해주는 존재로 인식하고 있었다고 한다. 꿀벌이 생산한 꿀은 다양한 제품을 만드는 데 사용되었고 이 일대 마야인들에게 매우 중요한 상품이었다. 그 상품들은 각지로 팔려나갔는데 그 중심에는 무역항 툴룸이 있었다. 따라서 유카탄 지역에서 하강신은 바로 그 꿀벌과 관련되는 것으로 인정된다고 한다.

툴룸의 하강신 신전에 있는 신상은 어깨에 새 깃털 같은 형태가 새겨져 있고 두 다리 사이에도 꿀벌의 몸체 같은 형태가 보여서 이것이 꿀벌을 상징하는 것으로 보기도 한다. 툴룸 이외의 하강신이 있는 마야 유적들은 모두 이 일대 최대 무역항 툴룸을 경제적 중심지로 삼고 있을 뿐 아니라 하강신은 경제적 종교적 정치적인 중요한 상징으로 자리매김하고 있음을 알 수 있다.

하강신 상은 또 금성을 상징한다고도 한다. 마야인들은 금성을 관측하여 달력 제작이나 농업에 활용하였다. 그래서 마야 지역에는 금성이나 태양의 움직임을 관측하는 건물들이 많다. 대표적인 것이 치첸이트사의 카라콜이다. 이 하늘에서 내려오는 신상은 혹시 금성에서 온 꿀벌이 아닐까?

엘카스티요 신전 아래쪽으로 프레스코 벽화의 사원이라는 건물이 있다. 프레스코는 벽에 회칠을 하고 그 위에 회칠에 색이 먹어 들어가도록 그림을 그리는 기법을 말한다. 마야 유적에서는 보남파크 유적이 대표적이고 이미 소

하강신 신전

하강신 신전의 신상. 어깨에 새 깃털 같은 것이
묘사되어 있고 두 다리 사이에도 꿀벌 몸체의
하단부처럼 보이는 것이 있다.

프레스코 벽화 신전의 하강신 부조

개한 바 있다. 툴룸에도 이와 같은 프레스코 벽화가 남아 있는 건물이 있으나 유감스럽게도 안으로 들어가 볼 수는 없었다.

그러나 건물 정면에는 하강신의 신상 부조가 있는데 다른 곳의 신상과 달리 한 손으로는 쿠쿨칸으로 보이는 뱀의 몸체를 쥐고 다른 손은 머리 앞으로 내밀고 있는 형상이다. 이 건물은 지붕에 작은 건물을 올렸는데 태양의 움직임을 관찰하기 위한 관측소로 사용되었다고 한다. 이러한 건물의 성격은 건물 정면에 새겨진 하강신이 태양이나 금성과 관련 있다는 설과도 관계될 것이다.

위에 소개한 엘 카스티요, 하강신 신전, 프레스코 벽화 신전 등 세 신전은 툴룸의 대표적 신전 건축물이다. 그러나 나의 눈에 가장 크게 들어온 건물은 건물의 벽체가 거의 없어지고 기둥만 겨우 남은 한 건물 '돌기둥의 집'이다. 건물 앞에 서면 기단부와 조금밖에 남지 않은 벽체의 일부, 그리고 줄지어서 있는 기둥들 만이 남아 과거의 웅장했을 건물의 모습을 상상하게 해준다.

역사 유적이 우리를 잡아끄는 힘은 과거의 원형을 상상하게 해주는 데 있다. 우리는 그 유적의 원형을 상상하면서 거기서 일어났을 여러 가지 일들을 영화를 만들 듯 재구성하고는 한다. 그러한 상상은 완전한 모습을 갖춘 유적에서는 느낄 수 없는 재미를 준다. 빈약한 사료로 남은 고대사가 우리의 흥미를 끄는 것도 그러한 이유에서일 것이다.

이곳 사람들은 이 건물을 툴룸을 지배했던 사람들이 살고 있던 궁전이었을 것이라고 주장한다. 그래서 돌기둥의 집이라는 이름과 함께 엘팔라시오 즉 궁전이라는 이름도 가지고 있다. 다 무너지고 기둥만 남아 옛 영광을 보여주는 모습을 보며 상처뿐인 영광이란 말이 떠올랐다.

마야 에필로그

툴룸에서 지금까지의 마야 여행을 마무리해본다. 그간 내가 본 것은 진짜 마야의 모습이었는가? 아니면 마야의 그림자만 스쳐본 것은 아니었을까? 스쳐지나간 속도가 너무 빠르고 그래서 빠진 것도 많아 내가 본 것이 무엇이었는지 자신이 없다.

도대체 마야는 무엇이고 마야인은 누구인가?

처음 멕시코시티에 도착했을 때 나는 마야에 대해서 완전한 백지 상태였다. 그래서 멕시코시티를 돌아보면서도 눈에 마야가 들어오지 않았다. 사실 마야라는 말 자체를 잘 파악할 수 없었다. 마야에 관한 이런저런 글들을 읽어보아도 마야의 개념을 알기 어려웠다. 일반적으로 멕시코와 그 이남의 과테말라를 비롯한 중앙아메리카 지역에 있었던 콜럼버스 이전의 문화를 마야 문화라 하고 그 지역에 사는 토착민들을 마야인으로 부르는 듯하다. 그러니 나도 그렇게 알고 쓸 수밖에 없다.

그 지역의 전통문화들을 세부적으로 보면 아마도 나름의 차별성이 있을 것이며 문화 또는 민족도 세세한 분류가 가능할 것이다. 이러한 세부적인 차별성이 무시되고 마야라는 애매한 명칭으로 표현되는 것은 아마도 이 지역에 들어온 유럽인들의 눈에 각 지역의 문화적 민족적 차이가 보이지 않았기 때문일 것이다. 그러나 이 지역의 토착민들은 스스로 마야라는 명칭을 사용하지 않았다고 한다. 내가 멕시코 남부를 여행하면서 마야라는 용어를 사용한 것은 내 눈에 이곳을 처음 찾은 유럽 사람들의 눈을 안경처럼 덮어쓰고 이곳을 보았기 때문이라 생각한다.

돌기둥의 집 또는 궁전으로 부르는 건물

오아하카 시내 산토도밍고 성당 앞의 자카란다 나무

　처음 멕시코에 도착해서 눈에 들어오지 않았던 마야였지만 멕시코시티를 벗어나면서부터는 온통 마야만 눈에 들어왔다. 길가의 자카란다 나무에 핀 보랏빛 꽃과 여인들이 입은 검은 양털 치마에서도 이른바 마야의 냄새가 묻어 있었다. 사실 멕시코시티에서도 나는 숱한 마야를 보았었다. 땅속에서 발굴된 아스텍 유적은 말할 것도 없고 현대 멕시코의 미술 속에도 마야는 많이 있었고 길을 오가는 사람들의 옷차림에도 마야는 있었다. 내가 잘 몰라서 보지 못했을 뿐이었다.

　테오티우아칸에서 툴룸 유적에 이르기까지 숨 가쁘게 돌아본 마야의 고대도시 유적들에서 머릿속에 가장 크게 남아 있는 것은 피라미드이다. 내가 지금까지 알고 있던 피라미드는 제왕의 무덤이었다. 가보지는 못했지만 한 사람의 무덤이며 불가사의한 축조물인 이집트의 피라미드에서부터 중국 지린성 지안시의 압록강 가에 있는 태왕릉에 이르기까지 모든 피라미드는 다 무덤이었다. 그러나 마야의 피라미드는 무덤이 아니라 신에게 인신공양 의식을 치르

멕시코시티 템플로 마요르의 아스텍 신전 유적. 피라미드로 올라가는 계단 일부가 남아 있다.

던 제단이자 그 신을 모신 신전이었다.

테오티우아칸 유적에 들어서면서 나는 비로소 거대한 피라미드를 내 눈으로 보게 되었다. 그것들은 너무 어마어마해서 그 정체를 살펴보는 것이 불가능했다. 오아하카의 몬테알반에서 카리브 바다에 붙은 툴룸에 이르기까지 모든 고대도시 유적은 피라미드를 중심으로 서 있었다. 피라미드 옆에는 구기장도 빠짐없이 존재했다. 구기장에서는 구기 경기가 열렸고 경기의 패자는 피라미드 위에 올라가서 자기의 심장을 자랑스럽게 그들의 신에게 바쳐야 했다.

어떤 설에는 승자의 심장을 바치기도 했다고 하는데 그 경우에도 심장을 신에게 바치는 영광을 쟁취하기 위해 경기는 격렬하게 전개되었다고 했다. 나는 그러한 이야기를 믿지 않는다. 죽는 것을 영광스럽게 생각하고 죽음의 제단으로 뛰어드는 것이 나 같은 무신론자에게는 도대체 말이 되지 않는 이야기지만 그럼에도 불구하고 많은 연구자들이 그렇게 주장한다고 한다. 도대체 무엇을 근거로 그렇게 주장하는지는 알 수 없다.

그러나 마야인들이 그들의 역사와 문화에 대해 가지고 있는 긍지 또한 엄청났다. 가톨릭의 토착화, 제국주의에 저항한 독립전쟁, 근대 이후 현재까지 이어져 온 농민들의 투쟁은 그들의 역사에 대한 자긍심을 바탕으로 하고 있음이 도처에서 드러났다. 그들은 스페인에서 들어온 성모 마리아를 과달루페

차물라 마을의 산후안 성당 외벽에 마야인들의 전통 무늬가 장식되어 있다. 유럽에서 들어온 성당 건물이 마야의 전통으로 묶여 있는 셈이다.

성모라는 멕시코 농민의 버전으로 바꾸었다. 과달루페 성모는 멕시코를 스페인에서 독립시켰고 지금도 농민들을 살벌한 신자유주의 무역전쟁에서 지켜내고 있는 중이다. 산크리스토발데라스까사스의 차물라 마을에서 실제 주민들의 삶을 통해 마야인들의 저항의 역사와 전통의 뿌리가 얼마나 깊은가를 볼 수 있었다.

여러 유적에서 마주했던 마야의 건축은 놀랄만했다. 지붕 위의 소위 루프콤(Roof Comb)의 존재를 이해한 것은 몇 곳의 유적을 거친 이후에야 가능했다. 루프콤은 건축을 높고 크게 보이게 하여 신성성을 강조하기 위한 것이지만 그로 인해 건물은 더할 나위 없이 아름답게 보였다.

건축을 뒤덮은 부조 장식의 뛰어난 예술성은 종교적 의미를 제대로 모르는 나에게도 폭력적인 햇볕의 공격조차 멈추게 할 것 같았다. 건물들은 대체로 아래 위로 나뉘는데 아래층이 사람들의 활동 공간이다. 위층은 올라가 본 곳은 없지만 정면 프리즈에 가득 붙어 있는 신상들로 보아 내 눈에는 신의 공간으로 보였다. 지붕 바로 밑이나 2층과 1층의 연결부위 등은 빗물이 아래로 흘러내리지 못하도록 오목하게 만들거나 추녀 같은 모양으로 돌을 다듬는 등 섬세한 설계도 볼 수 있었다.

마야인들의 금성을 비롯한 별과 태양의 관측도 여러 유적의 건축에서 나타나고 있다. 이러한 마야의 유적들은 당시 마야 사람들의 정신세계와 우주관 또는 사람과 사람 사이에 얽힌 계급의 문제나 한 지역 안에서의 나라와 나라 사이의 관계 등이 이리저리 얽혀 많은 이야기를 들려주고 있었다. 다만 그 말을 알아들을 수 없으니 여기저기 두리번거리기밖에 할 수 없었다.

마야의 유적 중에 특히 잊지 못할 곳은 고구려의 냄새를 풍기는 보남파크 유적이었다. 그곳에서 보는 이를 압도한 거대한 비석들의 위용과 화려한 색채의 벽화는 한국사람에게는 마치 중국 지안에서 보던 바로 그 비석과 벽화무덤의 숨결을 느끼게 하고도 남았다. 그곳에서 보았던 마야인들의 기록문화는 정말 대단했다. 그러한 비석과 벽화는 다른 유적에서도 만날 수 있었긴 했지만 보남파크처럼 한꺼번에 몰아서 보여준 곳은 없었다. 그들의 벽화는 나라 사이의 전쟁과 왕위 계승과 귀족들의 신에게 피를 바치는 풍습 등을 생생하

보남파크 유적
3호실 서벽의 벽화

멕시코에서의 몇 장 안 되는 기념사진 중 하나. 우슈말 유적에서

게 마치 영화의 한 장면처럼 보여주고 있었다.

주마간산(走馬看山)이란 말이 있다. 말 타고 지나가면서 산을 본다는 말이니 그저 대충 거기 산이 있다는 것이나 알고 지나친다는 말이다. 이 말을 중국에서는 주마간화(走馬看花)라고 한다. 결혼을 앞둔 예비신랑과 예비신부가 결혼 전에 서로 상대방을 보고 싶어 했다. 그런데 신랑은 한쪽 다리를 절었고 신부는 한쪽 눈이 멀었다. 이에 둘을 소개한 중매인이 신부에게 안 보이는 한쪽 눈을 꽃으로 가리고 길가에 서 있게 했다. 또 한쪽 다리를 저는 신랑에게는 말을 타고 그 길을 지나가게 하여 길가에 있는 신부를 보라고 했다. 신부는 말을 탄 훤칠하게 생긴 신랑을 보고 흡족해했고 신랑은 꽃을 들고 있는 신부의 예쁜 모습이 마음에 들었다. 두 사람 다 꽃만 보거나 말만 보고 실체는 보지 못한 셈이다.

마야 유적을 돌아보고 생각난 말이 바로 위의 주마간산 또는 주마간화이다. 내가 본 것은 산이었는가? 아니면 꽃이었는가? 산에 있었을 나무와 돌은 기억에 없고 산 그림자만 어른거릴 뿐이다. 얼굴을 가린 꽃은 생각나는데 꽃 뒤에 있었던 그녀의 맑은 눈이 감겨 있었는지 어떤지는 아예 생각조차 나지 않는다. 그러나 이렇게 마야의 그림자라도 볼 수 있었음은 행운이었다.

세상의 반대편으로 가다

일혼 넘어 홀로 떠난 중남미 여행

마야 편

©임세권

초판 1쇄 발행 2024년 3월 25일

사진과 글   임세권

발행인   임세권

발행처   유안사랑

출판등록   2023년 11월 21일

출판사 신고번호   25100-2023-000020

주소   경상북도 안동시 태사길 53-7

이메일   yimsk1@gmail.com

ISBN   979-11-986774-0-2 03950